少年读儒家经典

少年读论语

姜忠喆　主编

民主与建设出版社
·北京·

图书在版编目（CIP）数据

少年读论语 / 姜忠喆主编 . -- 北京 : 民主与建设
出版社，2020.7

（少年读儒家经典；3）

ISBN 978-7-5139-3075-8

Ⅰ . ①少… Ⅱ . ①姜… Ⅲ . ①儒家②《论语》-少年
读物 Ⅳ . ① B222.2-49

中国版本图书馆 CIP 数据核字（2020）第 102737 号

少年读论语
SHAONIAN DU LUNYU

主　　编	姜忠喆	
责任编辑	刘树民	
总 策 划	李建华	
封面设计	黄　辉	
出版发行	民主与建设出版社有限责任公司	
电　　话	（010）59417747　59419778	
社　　址	北京市海淀区西三环中路 10 号望海楼 E 座 7 层	
邮　　编	100142	
印　　刷	三河市燕春印务有限公司	
版　　次	2020 年 8 月第 1 版	
印　　次	2020 年 8 月第 1 次印刷	
开　　本	850mm×1168mm　1/32	
印　　张	5 印张	
字　　数	95 千字	
书　　号	ISBN 978-7-5139-3075-8	
定　　价	198.00 元（全六册）	

注：如有印、装质量问题，请与出版社联系。

前言

　　《论语》全书一共 20 篇 492 章，其中记录孔子与弟子及时人谈论之语 444 章，记录孔子弟子相互谈论之语 48 章。

　　孔子（前 551~ 前 479），名丘，字仲尼，春秋后期鲁国陬邑（今山东曲阜）人，我国古代伟大的思想家、教育家，儒家学派创始人。

　　《论语》是儒家的原始经典之一，要了解孔子和他的学说，《论语》是最直接、最可靠的资料。孔子思想的内容很丰富，归纳起来说，其核心是"仁"论。孔子"仁"论贯穿于他的哲学、政治、教育、伦理、文化主张的诸多方面，即所谓"一以贯之"，孔子其人伟大的人格感召力也凝聚于此。兹概括简要述之。

　　个体修养。孔子思想以立身为出发点，而人能立身于世的首要条件就是具有"君子"人格。君子具备仁爱之心，自重自律；表里如一，言行一致；积极进取，德才兼备；孜孜于学，注重实践；安贫乐道，谨守正义。

　　人际交往。孔子学说是有关人与人相处之道的学说，由伦理关系之不同，又分化为孝悌、忠恕、信义、礼数等德目，从而构建和谐友爱的人际关系和社会环境。

　　政治理想。从政治国是实用之大端，虽然孔子个人的从政经历并不辉煌，但他始终胸怀安定天下的政治韬略，强调德治仁政，反对苛政暴敛，主张以人为本、为官廉洁、举贤授能等内容，至今仍有普遍意义。

哲理思维。孔子学说的哲理性集中表现为仁者爱人的警世恒言，"中庸"的认识方法，权变的处事之道，和而不同的开阔襟怀等等，其理论与实践价值历久弥新。他的天命鬼神观念，虽然与今天的认识水平有相当的差别，但也具有那个时代哲理思辨的内涵。

孔子的教育学说也很丰富，包括教学方针、教学对象、教学方法、教学内容、教学态度等内容。如他主张学思并重，学行统一；讲究因材施教，注重启发诱导；强调身教优于言传，注重人格精神的感化作用等，颇有取法价值。

上述种种都可借助《论语》一书来了解，本书将在具体篇章的注释中加以揭示。

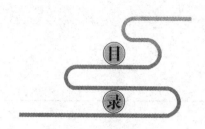

目录

学而篇第一

子①曰:"学②而时习③之,不亦说④乎?有朋⑤自远方来,不亦乐⑥乎?人不知⑦,而不愠⑧,不亦君子⑨乎?"

①子:中国古代对于有地位、有学问的男子的尊称,有时也泛称男子。或说:"五等爵名。春秋以后,执政之卿亦称子其后匹夫为学者所宗亦称子,孔子、墨子是也。或说,孔子为鲁司寇其门人称之曰子。称子不成辞则曰夫子。"《论语》孔子弟子惟有子、曾子二人称子,闵子、冉子单称子仅一见。《论语》书中"子曰"的子,都是指孔子而言。

②学：孔子在这里所讲的"学"，主要是指学习西周的礼、乐、诗、书等传统文化典籍。

③时习：在周秦时代，"时"字用作副词，等于《孟子·梁惠王上》"斧斤以时入山林"的"以时"，意为"在一定的时候"或者"在适当的时候"。但朱熹在《论语集注》一书中把"时"解释为"时常"，这是用后代的词义解释古书，非当时之意。"习"，通常解释为温习，但在古书中，它还有"实习"、"演习"的意义，如《礼记·射义》的"习礼乐"、"习射"。《史记·孔子世家》："孔子去曹适宋，与弟子习礼大树下。"这一"习"字，更是演习的意思。孔子所讲的功课，一般都和当时的社会生活和政治生活密切结合。像礼（包括各种仪节）、乐（音乐）、射（射箭）、御（驾车）这些，尤其非演习、实习不可。所以这"习"字以讲为实习为好。

④说：同"悦"，愉快、高兴的意思。

⑤有朋：一本作"友朋"。旧注说，"同门曰朋"，即同在一位老师门下学习的叫朋，也就是志同道合的人。宋翔凤《朴学斋札记》说，这里的"朋"字即指"弟子"，就是《史记·孔子世家》的"故孔子不仕，退而修诗、书、礼乐，弟子弥众，至自远方。"译文用"志同道合之人"即本此义。

⑥乐：与说有所区别。旧注说，悦在内心，乐则见于外。

⑦人不知：此句不完整，没有说出人不知道什么。缺少宾语。一般而言，知，是了解的意思。人不知，是说别人不了解自己。

⑧愠：恼怒，怨恨。

⑨君子：《论语》书中的君子，有时指有德者，有时指有位者。此处指孔子理想中具有高尚人格的人。

译文

孔子说："学了又时常温习和练习，不是很愉快吗？有志同道合的人从远方来，不是很令人高兴的吗？人家不了解我，我也不怨恨、恼怒，不也是一个有德的君子吗？"

原文

有子①曰："其为人也孝弟②，而好犯上③者，鲜④矣；不好犯上，而好作乱者，未之有也⑤。君子务本⑥，本立而道⑦生。孝弟也者，其为仁之本与⑧！"

①有子：孔子的学生，姓有，名若，比孔子小13岁，一说小33岁。后一说较为可信。在《论语》书中，记载的孔子学生，一般都称字，只有曾参和有若称"子"。因此，许多人认为《论语》即由曾参和有若所著述。

②孝弟：孝，奴隶社会时期所认为的子女对待父母的正确态度；弟，读音和意义与"悌"相同，即弟弟对待兄长的正确态度。孝、弟是孔子和儒家特别提倡的两个基本道德规范。旧注说：善事父母曰孝，善事兄长曰弟。

③犯上：犯，冒犯、干犯。上，指在上位的人。

④鲜：少的意思。《论语》书中的"鲜"字，都是如此用法。

⑤未之有也：此为"未有之也"的倒装句型。古代汉语的句法有一条规律，否定句的宾语若为代词，一般置于动词之前。

⑥务本：务，专心、致力于。本，根本。

⑦道：在中国古代思想里，道有多种含义。此处的道，指孔子提倡的仁道，即以仁为核心的整个道德思想体系及其在实际生活的体现。简单讲，就是治国做人的基本原则。

⑧为仁之本：仁是孔子哲学思想的最高范畴，又是伦理道德准则。为仁之本，即以孝悌作为仁的根本。还有一种解释，认为古代的"仁"就是"人"字，为仁之本即做人的根本。与：读音和意义跟"欤"字一样，《论语》的"欤"字都写作"与"。

译文

有子说："孝顺父母，顺从兄长，而喜好触犯上层统治者，这样的人是很少见的。不喜好触犯上层统治者，而喜好造反的人是没有的。君子专心致力于根本的事务，根本建立了，治国做人的原则也就有了。孝顺父母、顺从兄长，这就是仁的根本啊！"

原文

子曰："巧言令色①，鲜②仁矣。"

注 解

①巧言令色：朱熹注曰："好其言，善其色，致饰于外，务以说人。"巧和令都是美好的意思，但此处应释为装出和颜悦色的样子。

②鲜：少的意思。

译 文

孔子说："花言巧语，装出和颜悦色的样子，这种人的仁心就很少了。"

原 文

子夏①曰："贤贤②易③色；事父母能竭其力；事君，能致其身④；与朋友交，言而有信。虽曰未学，吾必谓之学矣。"

注 解

①子夏：姓卜，名商，字子夏，孔子的学生，比孔子小44岁，生于公元前507年。孔子死后，他在魏国宣传孔子的思想主张。

②贤贤：第一个"贤"字作动词用，尊重的意思。贤贤即尊重贤者。

③易：有两种解释：一是改变的意思，此句即为尊重贤者而改变好色之心；二是轻视的意思，即看重贤德而轻视女色。

④致其身：致，意为"献纳""尽力"。这是说把生命奉献给君主。

译文

子夏说："一个人能够看重贤德而不以女色为重；侍奉父母，能够竭尽全力；服侍君主，能够献出自己的生命；同朋友交往，说话诚实恪守信用。这样的人，尽管他自己说没有学习过，我一定认为他已经学习过了。"

原文

子曰："君子①，不重②则不威；学则不固③。主忠信④。无⑤友不如⑥己者；过⑦则勿惮⑧改。"

注解

①君子：这个词一直贯穿于本段始终，因此这里应当有一个断句。

②重：庄重、自持。

③学则不固：有两种解释：一是作坚固解，与上句相连，不庄重就没有威严，所学也不坚固；二是作固陋解，比喻人见

闻少，学了就可以不固陋。

④主忠信：以忠信为主。

⑤无：通"毋"，"不要"的意思。

⑥不如己：一般解释为不如自己。另一种解释说，"不如己者，不类乎己，所谓'道不同不相为谋'也。"把"如"解释为"类似"。后一种解释更为符合孔子的原意。

⑦过：过错、过失。

⑧惮：害怕、畏惧。

译 文

孔子说："君子，不庄重就没有威严；学习可以使人不闭塞；要以忠信为主，不要同与自己不同道的人交朋友；有了过错，就不要怕改正。"

原 文

有子曰："信近①于义②，言可复③也；恭近于礼，远④耻辱也；因⑤不失其亲，亦可宗⑥也。"

注 解

①近：接近、符合的意思。

②义：义是儒家的伦理范畴，是指思想和行为符合一定的标准。这个标准就是"礼"。

③复：实践的意思。朱熹《集注》云："复，践言也。"

④远：动词，使动用法，使之远离的意思，此外亦可以译为避免。

⑤因：依靠、凭借。一说因应写作姻，但从上下文看似有不妥之处。

⑥宗：主、可靠，一般解释为"尊敬"似有不妥之处。

译文

有子说："讲信用要符合于义，（符合于义的）话才能实行；恭敬要符合于礼，这样才能远离耻辱；所依靠的都是可靠的人，也就值得尊敬了。"

原文

子曰："君子食无求饱，居无求安，敏于事而慎于言，就①有道②而正③焉，可谓好学也已。"

注解

①就：靠近、看齐。

②有道：指有道德的人。

③正：匡正、端正。

译文

孔子说："君子，饮食不求饱足，居住不要求舒适，对工作勤劳敏捷，说话却小心谨慎，到有道的人那里去端正自己，这样可以说是好学了。"

为政篇第二

子曰："为政以德①，譬如北辰②，居其所③而众星共④之。"

①为政以德：以，用的意思。此句是说统治者应以道德进行统治，即"德治"。

②北辰：北极星。

③所：处所，位置。

④共：同"拱"，环绕的意思。

孔子说："（周君）以道德教化来治理政事，就会像北极星那样，自己居于一定的方位，而群星都会环绕在它的周围。"

子曰："《诗》三百①，一言以蔽②之，曰：'思无邪③'。"

①《诗》三百:《诗》,指《诗经》一书,此书实有305篇,三百只是举其整数。

②蔽:概括的意思。

③思无邪:此为《诗经·鲁颂》上的一句,此处的"思"作思想解。无邪,一解为"纯正",一解为"直",后者较妥。

译 文

孔子说:"《诗经》三百篇,可以用一句话来概括它,就是'思想纯正'。"

原 文

子曰:"道①之以政,齐②之以刑,民免③而无耻④;道之以德,齐之以礼,有耻且格⑤。"

注 解

①道:有两种解释:一为"引导";二为"治理"。前者较为妥帖。

②齐:整齐、约束。

③免:避免、躲避。

④耻:羞耻之心。

⑤格:有两种解释:一为"至";二为"正"。

译文

孔子说："用法制禁令去引导百姓，使用刑法来约束他们，老百姓只是求得免于犯罪受惩，却失去了廉耻之心；用道德教化引导百姓，使用礼制去统一百姓的言行，百姓不仅会有羞耻之心，而且也就守规矩了。"

原文

孟武伯[①]问孝，子曰："父母唯其疾之忧[②]。"

注解

①孟武伯：孟懿子的儿子，名彘。武是他的谥号。

②父母唯其疾之忧：其，代词，指父母。疾，病。

译文

孟武伯向孔子请教孝道。孔子说："对父母，要特别为他们的疾病担忧。(这样做就可以算是尽孝了。)"

原文

子游[①]问孝，子曰："今之孝者，是谓能养。至于犬马，皆能有养，不敬，何以别乎？"

①子游：姓言名偃，字子游，吴人，比孔子小 45 岁。

译 文

子游问什么是孝，孔子说："如今所谓的孝，只是说能够赡养父母便足够了。然而，就是犬马都能够得到饲养。如果不存心孝敬父母，那么赡养父母与饲养犬马又有什么区别呢？"

原 文

子夏问孝，子曰："色难①。有事，弟子服其劳②；有酒食，先生③馔（zhuàn）④，曾是以为孝乎？"

注 解

①色难：色，脸色。难，困难不容易的意思。

②服其劳：服，从事、担负。服劳即服侍。

③先生：先生指长者或父母；前面说的弟子，指晚辈、儿女等。

④馔：意为饮食、吃喝。

译 文

子夏问什么是孝，孔子说："（当子女的要尽到孝），最不容易的就是对父母和颜悦色，仅仅是有了事情，儿女需要替父母去做，有了酒饭，让父母吃，难道能认为这样就可以算是孝了吗？"

原文

子曰:"吾与回①言,终日不违②,如愚。退而省其私③,亦足以发,回也不愚。"

注解

①回:姓颜名回,字子渊,生于公元前521年,比孔子小30岁,鲁国人,孔子的得意门生。

②不违:不提相反的意见和问题。

③退而省其私:考察颜回私下里与其他学生讨论学问的言行。

译文

孔子说:"我整天给颜回讲学,他从来不提反对意见和疑问,像个蠢人。等他退下之后,我考察他私下的言论,发现他对我所讲授的内容有所发挥,可见颜回其实并不蠢。"

原文

哀公①问曰:"何为则民服?"孔子对曰②:"举直错诸枉③,则民服;举枉错诸直,则民不服。"

注解

①哀公:姓姬名蒋,哀是其谥号,鲁国国君,公元前494～前468年在位。

②对曰：《论语》中记载对国君及在上位者问话的回答都用"对曰"，以表示尊敬。

③举直错诸枉：举，选拔的意思。直，正直公平。错，同"措"，放置。枉，不正直。

译文

鲁哀公问："怎样才能使百姓服从呢？"孔子回答说："把正直无私的人提拔起来，把邪恶不正的人置于一旁，老百姓就会服从了；把邪恶不正的人提拔起来，把正直无私的人置于一旁，老百姓就不会服从统治了。"

原文

季康子①问："使民敬、忠以②劝③，如之何？"子曰："临④之以庄，则敬；孝慈⑤，则忠；举善而教不能，则劝。"

注解

①季康子：姓季孙名肥，康是他的谥号，鲁哀公时任正卿，是当时政治上最有权势的人。

②以：连接词，与"而"同。

③劝：勉励。这里是自勉努力的意思。

④临：对待。

⑤孝慈：一说当政者自己孝慈；一说当政者引导老百姓孝

慈。此处采用后者。

　　季康子问道："要使老百姓对当政的人尊敬、尽忠而努力干活，该怎样去做呢？"孔子说："你用庄重的态度对待老百姓，他们就会尊敬你；你对父母孝顺、对大众慈祥，百姓就会尽忠于你；你选用善良的人，又教育能力差的人，百姓就会互相勉励，加倍努力了。"

八佾篇第三

孔子谓季氏①，"八佾②舞于庭，是可忍③，孰不可忍也？"

①季氏：鲁国正卿季孙氏，即季平子。

②八佾：佾，行列的意思。古时一佾8人，八佾就是64人，据《周礼》规定，只有周天子才可以使用八佾，诸侯为六佾，卿大夫为四佾，士用二佾。季氏是正卿，只能用四佾。

③可忍：可以忍心。一说可以容忍。

孔子谈到季氏，说，"他用六十四人在自己的庭院中奏乐舞蹈，这样的事他都忍心去做，还有什么事情不可狠心做出来呢？"

原文

三家①者以《雍》彻②。子曰:"'相维辟公,天子穆穆'③,奚取于三家之堂④?"

注解

①三家:鲁国当政的三家:孟孙氏、叔孙氏、季孙氏。他们都是鲁桓公的后代,又称"三桓"。

②《雍》:《诗经·周颂》中的一篇。古代天子祭宗庙完毕撤去祭品时唱这首诗。

③相维辟公,天子穆穆:《雍》诗中的两句。相,助。维,语助词,无意义。辟公,指诸侯。穆穆,庄严肃穆。

④堂:接客祭祖的地方。

译文

孟孙氏、叔孙氏、季孙氏三家在祭祖完毕撤去祭品时,也命乐工唱《雍》这篇诗。孔子说:"(《雍》诗上这两句)'助祭的是诸侯,天子严肃静穆地在那里主祭。'这样的意思,怎么能用在你三家的庙堂里呢?"

原文

子曰:"人而不仁,如礼何?人而不仁,如乐何?"

译文

孔子说:"一个人没有仁德,他怎么能实行礼呢?一个人没有仁德,他怎么能运用乐呢?"

原文

林放①问礼之本。子曰:"大哉问! 礼,与其奢也,宁俭;丧,与其易②也,宁戚③。"

注解

①林放:鲁国人。

②易:治理。这里指有关丧葬的礼节仪式办理得很周到。一说谦和、平易。

③戚:心中悲哀的意思。

译文

林放问什么是礼的根本。孔子回答说:"你问的问题意义重大,就礼节仪式的一般情况而言,与其奢侈,不如节俭;就丧事而言,与其仪式上治办周备,不如内心真正哀伤。"

原文

子夏问曰:"'巧笑倩兮,美目盼兮,素以为绚兮'①。何谓也?"子曰:"绘事后素②。"曰:"礼后乎?"子曰:"起予者商也③,始可与言《诗》已矣。"

注解

①巧笑倩兮，美目盼兮，素以为绚兮：前两句见《诗经·卫风·硕人》篇。倩，笑得好看。兮，语助词，相当于"啊"。盼，眼睛黑白分明。绚，有文采。

②绘事后素：绘，画。素，白底。

③起予者商也：起，启发。予，我，孔子自指。商，子夏名商。

译文

子夏问孔子说："'笑得真好看啊，美丽的眼睛真明亮啊，用素粉来打扮啊。'这几句话是什么意思呢？"孔子说："这是说先有白底然后画画。"子夏又问："那么，是不是说礼也是后起的事呢？"孔子说："商，你真是能启发我的人，现在可以同你讨论《诗经》了。"

原文

子曰："夏礼，吾能言之，杞①不足征②也；殷礼，吾能言之，宋③不足征也。文献④不足故也。足，则吾能征之矣。"

注解

①杞：春秋时国名，是夏禹的后裔。在今河南杞县一带。

②征：证明。

③宋：春秋时国名，是商汤的后裔，在今河南商丘一带。

④文献：文，指历史典籍；献，指贤人。

译文

孔子说："夏朝的礼，我能说出来，（但是它的后代）杞国不足以证明我的话；殷朝的礼，我能说出来，（但它的后代）宋国不足以证明我的话。这都是由于文字资料和熟悉夏礼和殷礼的人不足的缘故。如果记录和传承的话，我就可以得到证明了。"

原文

或问禘之说①。子曰："不知也。知其说者之于天下也，其如示诸斯②乎！"指其掌。

注解

①禘之说："说"，理论、道理、规定。禘之说，意为关于禘祭的规定。

②示诸斯："斯"指后面的"掌"字。

译文

有人问孔子关于举行禘祭的规定。孔子说："我不知道。知道这种规定的人，对治理天下的事，就会像把这东西摆在这里一样（容易）吧！"（一面说一面）指着他的手掌。

原文

子曰："《关雎》①，乐而不淫，哀而不伤。"

注解

①《关雎》：雎，这是《诗经》的第一篇。此篇写一君子"追求"淑女，思念时辗转反侧，寤寐思之的忧思，以及结婚时钟鼓乐之琴瑟友之的欢乐。

译文

孔子说："《关雎》这篇诗，快乐而不放荡，忧愁而不哀伤。"

原文

哀公问社①于宰我，宰我②对曰："夏后氏以松，殷人以柏，周人以栗，曰：使民战栗③。"子闻之，曰："成事不说，遂事不谏，既往不咎。"

注解

①社：土地神，祭祀土神的庙也称社。

②宰我：名予，字子我，孔子的学生。

③战栗：恐惧，发抖。

鲁哀公问宰我，土地神的神主应该用什么树木，宰我回答："夏朝用松树，商朝用柏树，周朝用栗子树。用栗子树的意思是说：使老百姓战栗。"孔子听到后说："已经做过的事不用提了，已经完成的事不用再去劝阻了，已经过去的事也不必再追究了。"

原　文

子曰："居上不宽，为礼不敬，临丧不哀，吾何以观之哉？"

孔子说："居于执政地位的人，不能宽厚待人，行礼的时候不严肃，参加丧礼时也不悲哀，这种情况我怎么能看得下去呢？"

里仁篇第四

原文

子曰："里仁为美①，择不处仁②，焉得知③？"

注解

①里仁为美：里，住处，借作动词用。住在有仁者的地方才好。

②处：居住。

③知：同"智"。

译文

孔子说："跟有仁德的人住在一起，才是好的。如果你选择的住处不是跟有仁德的人在一起，怎么能说你是明智的呢？"

原文

子曰："不仁者不可以久处约①，不可以长处乐。仁者安仁^②，知者利仁^③。"

仁②，知者利仁③。"

注　解

①约：穷困、困窘。

②安仁：安于仁道。

③利仁：认为仁有利自己才去行仁。

译　文

孔子说："没有仁德的人不能长久地处在贫困中，也不能长久地处在安乐中。仁人是安于仁道的，有智慧的人则是知道仁对自己有利才去行仁的。"

原　文

子曰："苟志于仁矣，无恶也。"

译　文

孔子说："如果立志于仁，就不会做坏事了。"

原　文

子曰："富与贵，是人之所欲也，不以其道得之，不处也；贫与贱，是人之所恶也，不以其道得之，不去也。君子去仁，恶乎成名？君子无终食之间违仁，造次必于是，颠沛必于是。"

少年读论语

译文

孔子说："富裕和显贵是人人都想要得到的，但不用正当的方法得到它，就不会去享受的；贫穷与低贱是人人都厌恶的，但不用正当的方法去摆脱它，就不会摆脱的。君子如果离开了仁德，又怎么能叫君子呢？君子没有一顿饭的时间背离仁德的，就是在最紧迫的时刻也必须按照仁德办事，就是在颠沛流离的时候，也一定会按仁德去办事的。"

原文

子曰："士志于道，而耻恶衣恶食者，未足与议也。"

译文

孔子说："士有志于（学习和实行圣人的）道理，但又以自己吃穿得不好为耻辱，对这种人，是不值得与他谈论道的。"

原文

子曰："君子之于天下也，无适①也，无莫②也，义③之与比④。"

注 解

①适：意为亲近、厚待。

②莫：疏远、冷淡。

③义：适宜、妥当。

④比：亲近、相近、靠近。

译 文

孔子说："君子对于天下的人和事，没有固定的厚薄亲疏，只是按照义去做。"

原 文

子曰："能以礼让为国乎，何有①？不能以礼让为国，如礼何②？"

注 解

①何有：全意为"何难之有"，即不难的意思。

②如礼何：把礼怎么办？

译 文

孔子说："能够用礼让原则来治理国家，那还有什么困难呢？不能用礼让原则来治理国家，怎么能实行礼呢？"

原文

子曰："不患无位，患所以立；不患莫己知，求为可知也。"

译文

孔子说："不怕没有官位，就怕自己没有学到赖以站得住脚的东西。不怕没有人知道自己，只求自己成为有真才实学值得被人们知道的人。"

原文

子曰："参乎，吾道一以贯之。"曾子曰："唯。"子出，门人问曰："何谓也？"曾子曰："夫子之道，忠恕而已矣。"

译文

孔子说："参啊，我讲的道是由一个基本的思想贯彻始终的。"曾子说："是。"孔子外出之后，同学便问曾子："这是什么意思？"曾子说："老师的道，就是忠恕罢了。"

原文

子曰："见贤思齐焉，见不贤而内自省也。"

译文

孔子说："见到贤人，就应该向他学习、看齐，见到不贤的人，就应该自我反省（自己有没有与他相类似的错误）。"

原文

子曰："事父母几①谏，见志不从，又敬不违，劳②而不怨。"

注解

①几：轻微、婉转的意思。

②劳：忧愁、烦劳的意思。

译文

孔子说："事奉父母，（如果父母有不对的地方，）要委婉地劝说他们。（自己的意见表达了，）见父母心里不愿听从，还是要对他们恭恭敬敬，并不违抗，替他们操劳而不怨恨。"

原文

子曰："父母在，不远游①，游必有方②。"

注解

①游：指游学、游官、经商等外出活动。

②方：一定的地方。

译文

孔子说："父母在世，不远离家乡；如果不得已要出远门，也必须有一定的地方。"

公冶长篇第五

本篇共计二十八章，内容以谈论仁德为主。在本篇里，孔子和他的弟子们从各个侧面探讨仁德的特征。这些思想对后世产生过较大的影响。

原 文

子谓公冶长①，"可妻也。虽在缧绁②之中，非其罪也。"以其子③妻之。

注 解

①公冶长：姓公冶名长，齐国人，孔子的弟子。

②缧绁：捆绑犯人用的绳索，这里借指牢狱。

③子：古时无论儿、女均称子。

译 文

孔子评论公冶长说："可以把女儿嫁给他，他虽然被关在牢

29

狱里，但这并不是他的罪过呀。"于是，孔子就把自己的女儿嫁给了他。

原文

　　子谓南容①，"邦有道②，不废③；邦无道，免于刑戮④"。以其兄之子妻之。

注解

　　①南容：姓南宫名适，字子容。孔子的学生，通称他为南容。

　　②道：孔子这里所讲的道，是说国家的政治符合最高的和最好的原则。

　　③废：废置，不任用。

　　④刑戮：刑罚。

译文

　　孔子评论南容说："国家有道时，他有官做；国家无道时，他也可以免去刑戮。"于是把自己的侄女嫁给了他。

原文

　　子谓子贱①，"君子哉若人②，鲁无君子者，斯焉取斯③？"

注 解

①子贱：姓宓名不齐，字子贱。生于公元前521年比孔子小49岁。

②若人：这个，此人。

③斯焉取斯：斯，此。第一个"斯"指子贱，第二个"斯"字指子贱的品德。

译 文

孔子评论子贱说："这个人真是个君子呀。如果鲁国没有君子的话，他是从哪里学到这种品德的呢？"

原 文

子贡问曰："赐也何如？"子曰："女，器也。"曰："何器也？"曰："瑚琏①也。"

注 解

①瑚琏：古代祭祀时盛粮食用的器具。

译 文

子贡问孔子说："我这个人怎么样？"孔子说："你呀，好比一个器具。"子贡又问："是什么器具呢？"孔子说："是瑚琏。"

子曰："道不行，乘桴^①浮于海，从^②我者，其由与！"子路闻之喜。子曰："由也好勇过我，无所取材。"

注 解

①桴：用来过河的木筏子。

②从：跟随、随从。

译 文

孔子说："如果我的主张行不通，我就乘上木筏子到海外去。能跟从我的大概只有仲由吧！"子路听到这话很高兴。孔子说："仲由啊，好勇的精神超过了我，其他没有什么可取的才能。"

原 文

子谓子贡曰："女与回也。孰愈^①？"对曰："赐也何敢望回？回也闻一以知十^②，赐也闻一以知二^③。"子曰："弗如也。吾与^④女弗如也。"

注 解

①愈：胜过、超过。

②十：指数的全体，旧注云："一，数之数；十，数之终。"

③二：旧注云："二者，一之对也。"

④与：赞同、同意。

译文

孔子对子贡说："你和颜回两个相比，谁更好一些呢？"子贡回答说："我怎么敢和颜回相比呢？颜回他听到一件事就可以推知十件事；我呢，知道一件事，只能推知两件事。"孔子说："是不如他呀，我同意你说的，是不如他。"

原文

宰予昼寝。子曰："朽木不可雕也，粪土①之墙不可圬②也，于予与何诛③！"子曰："始吾于人也，听其言而信其行；今吾于人也，听其言而观其行。于予与④改是。"

注解

①粪土：腐土、脏土。

②圬：抹墙用的抹子。这里指用抹子粉刷墙壁。

③诛：意为责备、批评。

④与：语气词。

译文

宰予白天睡觉。孔子说："腐朽的木头无法雕刻，粪土垒的墙壁无法粉刷。对于宰予这个人，责备还有什么用呢？"孔子说："起初我对于人，是听了他说的话便相信了他的行为；现在我对于人，听了他讲的话还要观察他的行为。在宰予这里我改变了观察人的方法。"

原 文

子贡曰："夫子之文章①，可得而闻也；夫子之言性②与天道③，不可得而闻也。"

注 解

①文章：这里指孔子传授的诗书礼乐等。

②性：人性。

③天道：天命。《论语》书中孔子多处讲到天和命，但不见有孔子关于天道的言论。

译 文

子贡说："老师讲授的礼、乐、诗、书的知识，依靠耳闻是能够学到的；老师讲授的人性和天道的理论，依靠耳闻是不能够学到的。"

原 文

子路有闻，未之能行，唯恐有闻。

译 文

子路在听到一条道理但没有能亲自实践的时候，唯恐又听到新的道理。

原文

子贡问曰:"孔文子①何以谓之'文'也?"子曰:"敏②而好学,不耻下问,是以谓之'文'也。"

注解

①孔文子:卫国大夫孔圉,"文"是谥号,"子"是尊称。

②敏:敏捷、勤勉。

译文

子贡问道:"为什么给孔文子一个'文'的谥号呢?"孔子说:"他聪敏勤勉而好学,不以向他地位卑下的人请教为耻,所以给他谥号叫'文'。"

原文

子在陈①曰:"归与!归与!吾党之小子②狂简③,斐然④成章,不知所以裁⑤之。"

注解

①陈:古国名,大约在今河南东部和安徽北部一带。

②吾党之小子:古代以500家为一党。吾党意即我的故乡。

小子，指孔子在鲁国的学生。

③狂简：志向远大但行为粗率简单。

④斐然：斐，有文采的样子。

⑤裁：裁剪，节制。

译文

孔子在陈国说："回去吧！回去吧！家乡的学生有远大志向，但行为粗率简单；有文采但还不知道怎样来节制自己。"

原文

子曰："伯夷、叔齐①不念旧恶②，怨是用希③。"

注解

①伯夷、叔齐：殷朝末年孤竹君的两个儿子。父亲死后，二人互相让位，都逃到周文王那里。周武王起兵伐纣，他们认为这是以臣弑君，是不忠不孝的行为，曾加以拦阻。周灭商统一天下后，他们以吃周朝的粮食为耻，逃进深山中以野草充饥，饿死在首阳山中。

②恶：嫌隙，仇恨。

③希：同"稀"。

译文

孔子说："伯夷、叔齐两个人不记人家过去的仇恨，（因此，别人对他们的）怨恨因此也就少了。"

子曰："已矣乎！吾未见能见其过而内自讼者也。"

译 文

孔子说："完了，我还没有看见过能够看到自己的错误而又能从内心责备自己的人。"

子曰："十室之邑，必有忠信如丘者焉，不如丘之好学也。"

译 文

孔子说："即使只有十户人家的小村子，也一定有像我这样讲忠信的人，只是不如我那样好学罢了。"

雍也篇第六

原 文

子曰："雍也可使南面。"

译 文

孔子说："冉雍这个人，可以让他去做官。"

原 文

仲弓问子桑伯子①。子曰："可也，简②。"仲弓曰："居敬③而行简④，以临⑤其民，不亦可乎？居简而行简，无乃⑥大⑦简乎？"子曰："雍之言然。"

注 解

①桑伯子：人名，此人生平不可考。

②简：简要，不烦琐。

③居敬：为人严肃认真，依礼严格要求自己。

④行简：指推行政事简而不繁。

⑤临：面临、面对。此处有"治理"的意思。

⑥无乃：岂不是。

⑦大：同"太"。

译 文

仲弓问孔子：子桑伯子这个人怎么样。孔子说："此人还可以，办事简要而不烦琐。"仲弓说："居心恭敬严肃而行事简要，像这样来治理百姓，不是也可以吗？（但是）自己马马虎虎，又以简要的方法办事，这岂不是太简单了吗？"孔子说："冉雍，这话你说得对。"

原 文

原思①为之宰②，与之粟九百③，辞。子曰："毋，以与尔邻里乡党④乎！"

注 解

①原思：姓原名宪，字子思，鲁国人。孔子的学生，生于公元前515年。孔子在鲁国任司法官的时候，原思曾做他家的总管。

②宰：家宰，管家。

③九百："九百"后省去了量名，今不可知。

④邻里乡党：相传古代以5家为邻，25家为里，12500家

为乡，500家为党。此处指原思的同乡，或家乡周围的百姓。

译文

原思给孔子家当总管，孔子给他俸米九百，原思推辞不要。孔子说："不要推辞。（如果有多的，）给你的乡亲们吧。"

原文

子曰："回也，其心三月①不违仁，其余则日月②至焉而已矣。"

注解

①三月：指较长的时间。

②日月：指较短的时间。

译文

孔子说："颜回这个人，他的心可以在长时间内不离开仁德，其余的学生则只能在短时间内做到仁而已。"

原文

季氏使闵子骞①为费②宰，闵子骞曰："善为我辞焉！如有复我③者，则吾必在汶上④矣。"

注 解

①闵子骞：姓闵名损，字子骞，鲁国人，孔子的学生，比孔子小 15 岁。

②费，季氏的封邑，在今山东费县西北一带。

③复我：再来召我。

④汶上：汶，水名，即今山东大汶河，当时流经齐、鲁两国之间。在汶上，是说要离开鲁国到齐国去。

译 文

季氏派人请闵子骞去做费邑的长官，闵子骞（对来请他的人）说："请你好好替我推辞吧！如果再来召我，那我一定跑到汶水那边去了。"

原 文

子曰："贤哉，回也，一箪①食，一瓢饮，在陋巷②，人不堪其忧，回也不改其乐③。贤哉，回也。"

注 解

①箪：古代盛饭用的竹器。

②巷：此处指颜回的住处。

③乐：乐于学。

译文

孔子说:"颜回的品质是多么高尚啊!一箪饭,一瓢水,住在简陋的小屋里,别人都忍受不了这种穷困清苦,颜回却没有改变他好学的乐趣。颜回的品质是多么高尚啊!"

原文

冉求曰:"非不说①子之道,力不足也。"子曰:"力不足者,中道而废。今女画②。"

注解

①说:同"悦"。
②画:划定界限,停止前进。

译文

冉求说:"我不是不喜欢老师您所讲的道,而是我的能力不够呀。"孔子说:"能力不够是到半路才停下来,现在你是自己给自己划了界限不想前进。"

原文

子谓子夏曰:"女为君子儒,无为小人儒。"

译文

孔子对子夏说:"你要做君子儒,不要做小人儒。"

原文

子曰："谁能出不由户，何莫由斯道也？"

译文

孔子说："谁能不经过屋门而走出去呢？为什么没有人走（我所指出的）这条道路呢？"

原文

子曰："人之生也直，罔①之生也幸而免。"

注解

①罔：指不正直的人。

译文

孔子说："一个人的生存是由于正直，而不正直的人也能生存，那只是他侥幸地避免了灾祸。"

原文

子曰："中人以上，可以语上也；中人以下，不可以语上也。"

译文

孔子说："具有中等以上才智的人，可以给他讲授高深的学问；在中等水平以下的人，不可以给他讲高深的学问。"

原 文

樊迟问知①。子曰："务②民之义③，敬鬼神而远之，可谓知矣。"问仁，曰："仁者先难而后获，可谓仁矣。"

注 解

①知，同"智"。

②务：从事、致力于。

③义：专用于人道之所宜。

译 文

樊迟问孔子怎样才算是智，孔子说："专心致力于（提倡）老百姓应该遵从的道德，尊敬鬼神但要远离它，就可以说是智了。"樊迟又问怎样才是仁，孔子说："仁人对难做的事，做在人前面，有收获的结果，他得在人后，这可以说是仁了。"

述而篇第七

子曰："述而不作①，信而好古，窃②比于我老彭③。"

①述而不作：述，传述。作，创造。

②窃：私，私自，私下。

③老彭：人名，但究竟指谁，学术界说法不一。有的说是殷商时代一位"好述古事"的"贤大夫"；有的说是老子和彭祖两个人，有的说是殷商时代的彭祖。

孔子说："只阐述而不创作，相信而且喜好古代的东西，我私下把自己比做老彭。"

原文

子曰："默而识①之，学而不厌，诲②人不倦，何有于我哉③？"

注解

①识，记住的意思。

②诲：教诲。

③何有于我哉：对我有什么难呢？

译文

孔子说："默默地记住（所学的知识），学习不觉得厌烦，教人不知道疲倦，这对我能有什么困难呢？"

原文

子曰："甚矣吾衰也！久矣吾不复梦见周公①。"

注解

①周公：姓姬名旦，周文王的儿子，周武王的弟弟，成王的叔父，鲁国国君的始祖，传说是西周典章制度的制定者，他是孔子所崇拜的所谓"圣人"之一。

译文

孔子说："我衰老得很厉害了，我好久没有梦见周公了。"

原文

子曰："志于道，据于德①，依于仁，游于艺②。"

注解

①德：旧注云：德者，得也。能把道贯彻到自己心中而不失掉就叫德。

②艺：指孔子教授学生的礼、乐、射、御、书、数等六艺，都是日常所用。

译文

孔子说："以道为志向，以德为根据，以仁为凭借，活动于（礼、乐等）六艺的范围之中。"

原文

子曰："自行束脩（xiū）①以上，吾未尝无诲焉。"

注解

①束脩，干肉，又叫脯。束脩就是十条干肉。孔子要求他的学生，初次见面时要拿十条干肉作为学费。后来，就把学生

送给老师的学费叫做"束脩"。

译 文

孔子说:"只要自愿拿着十条干肉为礼来见我的人,我从来没有不给他教诲的。"

原 文

子曰:"不愤①不启,不悱②不发。举一隅③不以三隅反,则不复也。"

注 解

①愤:苦思冥想而仍然领会不了的样子。

②悱,想说又不能明确说出来的样子。

③隅,角落。

译 文

孔子说:"教导学生,不到他想弄明白而不得的时候,不去开导他;不到他想出来却说不出来的时候,不去启发他。教给他一个方面的东西,他却不能由此而推知其他三个方面的东西,那就不再教他了。"

原 文

子食于有丧者之侧,未尝饱也。

孔子在有丧事的人旁边吃饭，不曾吃饱过。

原文

子之所慎：齐①、战、疾。

注解

①齐：同"斋"，斋戒。古人在祭祀前要沐浴更衣，不吃荤，不饮酒，不与妻妾同寝，整洁身心，表示虔诚之心，这叫做斋戒。

译文

孔子所谨慎小心对待的是斋戒、战争和疾病这三件事。

原文

冉有曰："夫子为①卫君②乎？"子贡曰："诺③，吾将问之。"入，曰："伯夷、叔齐何人也？"曰："古之贤人也。"曰："怨乎？"曰："求仁而得仁，又何怨？"出，曰："夫子不为也。"

注解

①为：这里是帮助的意思。

②卫君：卫出公辄，是卫灵公的孙子。公元前492～前481年在位。他的父亲因谋杀南子而被卫灵公驱逐出国。灵公死后，

辄被立为国君，其父回国与他争位。

③诺：答应的说法。

译文

冉有（问子贡）说："老师会帮助卫国的国君吗？"子贡说："嗯，我去问他。"于是就进去问孔子："伯夷、叔齐是什么样的人呢？"（孔子）说："古代的贤人。"（子贡又）问："他们有怨恨吗？"（孔子）说："他们求仁而得到了仁，为什么有怨恨呢？"（子贡）出来（对冉有）说："老师不会帮助卫君。"

原文

子曰："饭疏食①饮水，曲肱②而枕之，乐亦在其中矣。不义而富且贵，于我如浮云。"

注解

①饭疏食：饭，这里是"吃"的意思，作动词。疏食即粗粮。

②曲肱，胳膊，由肩至肘的部位。曲肱，即弯着胳膊。

译文

孔子说："吃粗粮，喝白水，弯着胳膊当枕头，乐趣也就在这中间了。用不正当的手段得来的富贵，对于我来讲就像是天上的浮云一样。"

原文

子曰："加①我数年，五十以学《易》②，可以无大过矣。"

①加：这里通"假"字，给予的意思。

②《易》：指《周易》，古代占卜用的一部书。

译文

孔子说："再给我几年时间，到五十岁学习《易》，我便可以没有大的问题了。"

原文

子不语怪、力、乱、神。

译文

孔子不谈论怪异、暴力、变乱、鬼神。

原文

子曰："三人行，必有我师焉。择其善者而从之，其不善者而改之。"

译文

孔子说："三个人一起走路，其中必定有人可以做我的老师。

我选择他善的品德向他学习，看到他不善的地方就做为借鉴，改掉自己的缺点。"

原文

子曰："天生德于予，桓魋①其如予何？"

注解

①桓魋：任宋国主管军事行政的官——司马，是宋桓公的后代。

译文

孔子说："上天把德赋予了我，桓魋能把我怎么样？"

原文

子以四教：文①、行②、忠③、信④。

注解

①文：文献、古籍等。

②行：指德行，也指社会实践方面的内容。

③忠：尽己之谓

忠，对人尽心竭力的意思。

④信：以实之谓信。诚实的意思。

译 文

孔子以文、行、忠、信四项内容教授学生。

原 文

子钓而不纲①，弋②不射宿③。

注 解

①纲：大绳。这里作动词用。在水面上拉一根大绳，在大绳上系许多鱼钩来钓鱼，叫纲。

②弋：用带绳子的箭来射鸟。

③宿：指归巢歇宿的鸟儿。

译 文

孔子只用（有一个鱼钩的）钓竿钓鱼，而不用（有许多鱼钩的）大绳钓鱼。只射飞鸟，不射巢中歇宿的鸟。

原 文

子曰："盖有不知而作之者，我无是也。多闻，择其善者而从之；多见而识之，知之次也。"

译文

孔子说:"有这样一种人,可能他什么都不懂却在那里凭空创造,我却没有这样做过。多听,选择其中好的来学习;多看,然后记在心里,这是次一等的智慧。"

原文

子曰:"仁远乎哉?我欲仁,斯仁至矣。"

译文

孔子说:"仁难道离我们很远吗?只要我想达到仁,仁就来了。"

原文

子与人歌而善,必使反之,而后和之。

译文

孔子与别人一起唱歌,如果唱得好,一定要请他再唱一遍,然后和他一起唱。

泰伯篇第八

子曰："泰伯①，其可谓至德也已矣。三②以天下让，民无得而称焉③。"

①泰伯：周代始祖古公亶父的长子。

②三：多次的意思。

③民无得而称焉：百姓找不到合适的词句来赞扬他。

孔子说："泰伯可以说是品德最高尚的人了，几次把王位让给季历，老百姓都找不到合适的词句来称赞他。"

子曰："恭而无礼则劳①，慎而无礼则葸②，勇而无礼则乱，直而无礼则绞③。君子笃④于亲，则民兴于仁；故旧⑤不遗，则民不偷⑥。"

注解

①劳：辛劳，劳苦。

②葸：拘谨，畏惧的样子。

③绞：说话尖刻，出口伤人。

④笃：厚待、真诚。

⑤故旧：故交，老朋友。

⑥偷：淡薄。

译文

孔子说："只是恭敬而不以礼来指导，就会徒劳无功；只是谨慎而不以礼来指导，就会畏缩拘谨；只是勇猛而不以礼来指导，就会说话尖刻。在上位的人如果厚待自己的亲属，老百姓当中就会兴起仁的风气；君子如果不遗弃老朋友，老百姓就不会对人冷漠无情了。"

原文

曾子有疾，召门弟子曰："启①予足！启予手！《诗》云②：'战战兢兢，如临深渊，如履薄冰。'而今而后，吾知免③夫，小子④！"

①启：开启，曾子让学生掀开被子看自己的手脚。

②《诗》云：以下三句引自《诗经·小雅·小旻》篇。

③免：指身体免于损伤。

④小子：对弟子的称呼。

译文

曾子有病，把他的学生召集到身边来，说道："看看我的脚！看看我的手（看看有没有损伤）！《诗经》上说：'小心谨慎呀，好像站在深渊旁边，好像踩在薄冰上面。'从今以后，我知道我的身体是不再会受到损伤了，弟子们！"

原文

曾子曰："以能问于不能，以多问于寡；有若无，实若虚；犯而为校①。昔者吾友②尝从事于斯矣。"

注解

①校：同"较"，计较。

译 文

曾子说:"自己有才能却向没有才能的人请教,自己知识多却向知识少的人请教,有学问却像没学问一样;知识很充实却好像很空虚;被人侵犯却也不计较。从前我的朋友就这样做过了。"

原 文

子曰:"民可使由之,不可使知之。"

译 文

孔子说:"对于老百姓,只能使他们按照我们的意志去做,不能使他们懂得为什么要这样做。"

原 文

子曰:"好勇疾^①贫,乱也。人而不仁^②,疾之已甚^③,乱也。"

注 解

①疾:恨、憎恨。

②不仁:不符合仁德的人或事。

③已甚:已,太。已甚,即太过分。

译 文

孔子说:"喜好勇敢而又恨自己太穷困,就会犯上作乱。对于不仁德的人或事逼迫得太厉害,也会出乱子。"

原 文

子曰:"如有周公之才之美,使骄且吝,其余不足观也已。"

译 文

孔子说:"(一个在上位的君主)即使有周公那样美好的才能,如果骄傲自大而又吝啬小气,那其他方面也就不值得一看了。"

原 文

子曰:"三年学,不至于谷[1],不易得也。"

注 解

[1]谷:古代以谷作为官吏的俸禄,这里用"谷"字代表做官。不至于谷,即做不了官。

译 文

孔子说:"学了三年,还做不了官的,是不易找到的。"

原 文

子曰："笃信好学，守死善道，危邦不入，乱邦不居。天下有道则见①，无道则隐。邦有道，贫且贱焉，耻也；邦无道，富且贵焉，耻也。"

注 解

①见：同"现"。

译 文

孔子说："坚定信念并努力学习，誓死守卫并完善治国与为人的大道。不进入政局不稳的国家，不居住在动乱的国家。天下有道就出来做官，天下无道就隐居不出。国家有道而自己贫贱，是耻辱；国家无道而自己富贵，也是耻辱。"

原 文

子曰："狂①而不直，侗②而不愿③，悾悾④而不信，吾不知之矣。"

注 解

①狂：急躁、急进。

②侗：幼稚无知。

③愿：谨慎、小心、朴实。

④悾悾：同"空"，诚恳的样子。

孔子说："狂妄而不正直，无知而不谨慎，表面上诚恳而不守信用，我真不知道有的人为什么会是这个样子。"

原　文

子曰："学如不及，犹恐失之。"

孔子说："学习知识就像追赶不上那样，又会担心丢掉什么。"

原　文

子曰："大哉尧①之为君也！巍巍乎，唯天为大，唯尧则②之。荡荡③乎民无能名④焉。巍巍乎其有成功也，焕⑤乎其有文章！"

注　解

①尧：中国古代传说中的圣君。

②则：效法、为准。

③荡荡：广大的样子。

④名：形容、称说、称赞。

⑤焕：光辉。

孔子说:"真伟大啊!尧这样的君主。多么崇高啊!只有天最高大,只有尧才能效法天的高大。(他的恩德)多么广大啊,百姓们真不知道该用什么语言来表达对它的称赞。他的功绩多么崇高,他制定的礼仪制度多么光辉啊!"

原 文

子曰:"禹,吾无间①然矣。菲②饮食,而致③孝乎鬼神,恶衣服而致美乎黻冕④;卑⑤宫室,而尽力乎沟洫⑥。禹,吾无间然矣。"

注 解

①间:空隙的意思。此处用作动词。
②菲:菲薄,不丰厚。
③致:致力、努力。
④黻冕:祭祀时穿的礼服叫黻;祭祀时戴的帽子叫冕。
⑤卑:低矮。
⑥沟洫:洫,沟渠。

译 文

孔子说:"对于禹,我没有什么可以挑剔的了;他的饮食很简单而尽力去孝敬鬼神;他平时穿的衣服很简朴,而祭祀时尽量穿得华美,他自己住的宫室很低矮,而致力于修治水利事宜。对于禹,我确实没有什么挑剔的了。"

子罕篇第九

子罕①言利与②命与仁。

①罕：稀少，很少。

②与：赞同、肯定。

孔子很少谈到利益，却赞成天命和仁德。

达巷党人①曰："大哉孔子！博学而无所成名②。"子闻之，谓门弟子曰："吾何执？执御乎？执射乎？吾执御矣。"

①达巷党人：古代五百家为一党，达巷是党名。这是说达

巷党这地方的人。

②博学而无所成名：学问渊博，因而不能以某一方面来称道他。

译 文

达巷党这个地方有人说："孔子真伟大啊！他学问渊博，因而不能以某一方面的专长来称赞他。"孔子听说了，对他的学生说："我要专长于哪个方面呢？驾车呢？还是射箭呢？我还是驾车吧。"

原 文

子绝四：毋意①，毋必②，毋固③，毋我④。

注 解

①意：同"臆"，猜想、猜疑。

②必：必定。

③固：固执己见。

④我：这里指自私之心。

译 文

孔子杜绝了四种弊病：没有主观猜疑，没有定要实现的期望，没有固执己见之举，没有自私之心。

原　文

子畏于匡^①，曰："文王^②既没，文不在兹^③乎？天之将丧斯文也，后死者^④不得与^⑤于斯文也；天之未丧斯文也，匡人其如予何^⑥？"

注　解

①畏于匡：畏，受到威胁。匡，地名，在今河南省长垣县西南。公元前496年，孔子从卫国到陈国去经过匡地。匡人曾受到鲁国阳虎的掠夺和残杀。孔子的相貌与阳虎相像，匡人误以孔子就是阳虎，所以将他围困。

②文王：周文王，姓姬名昌，西周开国之君周武王的父亲，是孔子认为的古代圣贤之一。

③兹：这里指孔子自己。

④后死者：孔子这里指自己。

⑤与：同"举"，这里是掌握的意思。

⑥如予何：奈我何，把我怎么样。

译　文

孔子被匡地的人们所围困时，他说："周文王死了以后，周代的礼乐文化不都体现在我的身上吗？上天如果想要消灭这种文化，那我就不可能掌握这种文化了；上天如果不消灭这种文化，那么匡人又能把我怎么样呢？"

原　文

太宰①问于子贡曰："夫子圣者与？何其多能也？"子贡曰："固天纵②之将圣，又多能也。"子闻之，曰："太宰知我乎？吾少也贱，故多能鄙事③。君子多乎哉？不多也。"

注　解

①太宰：官名，掌握国君宫廷事务。这里的太宰，有人说是吴国的太宰伯，但不能确认。

②纵：让，使，不加限量。

③鄙事：卑贱的事情。

译　文

太宰问子贡说："孔夫子是位圣人吧？为什么这样多才多艺呢？"子贡说："这本是上天让他成为圣人，而且使他多才多艺。"孔子听到后说："太宰怎么会了解我呢？我因为少年时地位低贱，所以会许多卑贱的技艺。君子会有这么多的技艺吗？不会多的。"

原　文

牢①曰："子云，'吾不试②，故艺'。"

注　解

①牢：郑玄说此人系孔子的学生，但在《史记·仲尼弟子

列传》中未见此人。

②试：用，被任用。

译文

子牢说："孔子说过，'我（年轻时）没有去做官，所以会许多技艺'。"

原文

子曰："吾有知乎哉？无知也。有鄙夫①问于我，空空如也②。我叩③其两端④而竭⑤焉。"

注解

①鄙夫：孔子称乡下人、社会下层的人。

②空空如也：指孔子自己心中空空无知。

③叩：叩问、询问。

④两端：两头，指正反、始终、上下方面。

⑤竭：穷尽、尽力追究。

译文

孔子说："我有知识吗？其实没有知识。有一个乡下人问我，我对他谈的问题本来一点也不知道。我只是从问题的两端去问，这样对此问题就可以全部搞清楚了。"

子曰："凤鸟①不至，河不出图②，吾已矣夫！"

①凤鸟：古代传说中的一种神鸟。传说凤鸟在舜和周文王时代都出现过，它的出现象征着"圣王"将要出世。

②河不出图：传说在上古伏羲氏时代，黄河中有龙马背负八卦图而出。它的出现也象征着"圣王"将要出世。

孔子说："凤鸟不来了，黄河中也不出现八卦图了。我这一生也就完了吧！"

子贡曰："有美玉于斯，韫（yùn）椟①而藏诸？求善贾②而沽诸？"子曰："沽③之哉，沽之哉！我待贾者也。"

①韫椟：收藏物件的柜子。

②善贾：识货的商人。

③沽：卖出去。

子贡说："这里有一块美玉，是把它收藏在柜子里呢？还是找一个识货的商人卖掉呢？"孔子说："卖掉吧，卖掉吧！我正在等着识货的人呢。"

原文

子欲居九夷①。或曰："陋②，如之何？"子曰："君子居之，何陋之有？"

注解

①九夷：中国古代对于东方少数民族的通称。

②陋：鄙野，文化闭塞，不开化。

译文

孔子想要搬到九夷地方去居住。有人说："那里非常落后闭塞，不开化，怎么能住呢？"孔子说："有君子去住，就不闭塞落后了。"

原文

子曰："吾自卫反鲁①，然后乐正②，《雅》《颂》③各得其所。"

注解

①自卫反鲁：公元前484年（鲁哀公十一年）冬，孔子从卫国返回鲁国，结束了14年游历不定的生活。

②乐正：调整乐曲的篇章。

③《雅》《颂》：这是《诗经》中两类不同的诗的名称。也是指《雅》乐、《颂》乐等乐曲名称。

孔子说："我从卫国返回到鲁国以后，乐才得到整理，《雅》乐和《颂》乐各有适当的安排。"

原文

子曰："出则事公卿，入则事父兄，丧事不敢不勉，不为酒困，何有于我哉。"

译文

孔子说："在外事奉公卿，在家孝敬父兄，有丧事不敢不尽力去办，不被酒所困，这些事对我来说有什么困难呢？"

原文

子在川上，曰："逝者如斯夫，不舍昼夜。"

译文

孔子在河边说："消逝的时光就像这河水一样啊，不分昼夜地向前流去。"

原 文

子曰:"吾未见好德如好色者也。"

译 文

孔子说:"我没有见过像好色那样好德的人。"

乡党篇第十

孔子于乡党，恂恂①如也，似不能言者。其在宗庙、朝廷，便便②言，唯谨尔。

①恂恂：温和恭顺。

②便便：善于辞令。

孔子在本乡的地方上显得很温和恭敬，像是不会说话的样子。但他在宗庙里、朝廷上，却很善于言辞，只是说得比较谨慎而已。

朝，与下大夫言，侃侃①如也；与上大夫言，訚訚②如也。

君在，踧踖③如也，与与④如也。

注解

①侃侃：说话理直气壮，不卑不亢，温和快乐的样子。

②訚訚：正直，和颜悦色而又能直言争辩。

③踧踖：恭敬而不安的样子。

④与与：小心谨慎、威仪适中的样子。

译文

孔子在上朝的时候，（国君还没有到来，）同下大夫说话，温和而快乐的样子；同上大夫说话，正直而公正的样子；国君已经来了，恭敬而心中不安的样子，但又仪态适中。

原文

君召使摈①，色勃如也②；足躩③如也。揖所与立，左右手，衣前后，襜④如也。趋进，翼如也⑤。宾退，必复命曰："宾不顾矣。"

注解

①摈：动词，负责招待国君的官员。

②色勃如也：脸色立即庄重起来。

③足躩：躩，脚步快的样子。

④襜：整齐之貌。

⑤翼如也：如鸟儿展翅一样。

译文

　　国君召孔子去接待宾客，孔子脸色立即庄重起来，脚步也快起来，他向和他站在一起的人作揖，手向左或向右作揖，衣服前后摆动，却整齐不乱。快步走的时候，像鸟儿展开双翅一样。宾客走后，必定向君主回报说："客人已经不回头张望了。"

原文

　　执圭①，鞠躬如也，如不胜。上如揖，下如授。勃如战色②，足蹜蹜③，如有循④。享礼⑤，有容色。私觌⑥，愉愉如也。

注解

　　①圭：一种上圆下方的玉器，举行典礼时，不同身份的人拿着不同的圭。出使邻国，大夫拿着圭作为代表君主的凭信。

　　②战色：战战兢兢的样子。

　　③蹜蹜：小步快走路的样子。

　　④如有循：循，沿着。好像沿着一条直线往前走一样。

　　⑤享礼：享，献上。指向对方贡献礼物的仪式。使者受到接见后，接着举行献礼仪式。

　　⑥觌：会见。

译 文

（孔子出使别的诸侯国，）拿着圭，恭敬谨慎，像是举不起来的样子。向上举时好像在作揖，放在下面时好像是给人递东西。脸色庄重得像战栗的样子，步子很小，好像沿着一条直线往前走。在举行赠送礼物的仪式时，显得和颜悦色。和国君举行私下会见的时候，更轻松愉快了。

原 文

齐①，必有明衣②，布。齐必变食③，居必迁坐④。

注 解

①齐：同"斋"。

②明衣：斋前沐浴后穿的浴衣。

③变食：改变平常的饮食。指不饮酒，不吃葱、蒜等有刺激味的东西。

④居必迁坐：指从内室迁到外室居住，不和妻妾同房。

译 文

斋戒沐浴的时候，一定要有浴衣，用布做的。斋戒的时候，一定要改变平常的饮食，居住也一定搬移地方，（不与妻妾同房）。

原文

君赐食，必正席先尝之。君赐腥^①，必熟而荐^②之。君赐生，必畜之。侍食于君，君祭，先饭。

注解

①腥：牛肉。

②荐：供奉。

译文

国君赐给熟食，孔子一定摆正座席先尝一尝。国君赐给生肉，一定煮熟了，先给祖宗上供。国君赐给活物，一定要饲养起来。同国君一道吃饭，在国君举行饭前祭礼的时候，一定要先尝一尝。

原文

疾，君视之，东首^①，加朝服，拖绅^②。

注解

①东首：头朝东。

②绅：束在腰间的大带子。

译文

孔子病了，国君来探视，他便头朝东躺着，身上盖上朝服，拖着大带子。

原文

寝不尸，居不客。

译文

（孔子）睡觉不像死尸一样挺着，平日家居也不像做客或接待客人时那样庄重严肃。

原文

升车，必正立，执绥①。车中，不内顾②，不疾言③，不亲指④。

注解

①绥：上车时扶手用的索带。

②内顾：回头看。

③疾言：大声说话。

④不亲指：不用自己的手指划。

译文

上车时，一定先直立站好，然后拉着扶手带上车。在车上，不回头，不高声说话，不用自己的手指指点点。

先进篇第十一

原　文

子曰："先进①于礼乐，野人②也；后进③于礼乐，君子④也。如用之，则吾从先进。"

注　解

①先进：指先学习礼乐而后再做官的人。

②野人：朴素粗鲁的人或指乡野平民。

③后进：先做官后学习礼乐的人。

④君子：这里指统治者。

译　文

孔子说："先学习礼乐而后再做官的人，是（原来没有爵禄的）平民；先当了官然后再学习礼乐的人，是君子。如果要先用人才，那我主张选用先学习礼乐的人。"

原文

子曰："从我于陈、蔡①者，皆不及门②也。"

注解

①陈、蔡：均为国名。

②不及门：门，这里指受教的场所。不及门，是说不在跟前受教。

译文

孔子说："曾跟随我从陈国到蔡地去的学生，现在都不在我身边受教了。"

原文

季康子问："弟子孰为好学？"孔子对曰："有颜回者好学，不幸短命死矣，今也则亡。"

译文

季康子问孔子："你的学生中谁是好学的？"孔子回答说："有一个叫颜回的学生很好学，不幸短命死了。现在再也没有像他那样的了。"

原文

颜渊死，颜路①请子之车以为之椁②。子曰："才不才，亦各言其子也。鲤③也死，有棺而无椁。吾不徒行以为之椁。以吾从大夫之后④，不可徒行也。"

①颜路：颜无繇，字路，颜渊的父亲，也是孔子的学生，生于公元前545年。

②椁：古人所用棺材，内为棺，外为椁。

③鲤：孔子的儿子，字伯鲁，死时50岁，孔子70岁。

④从大夫之后：跟随在大夫们的后面，意即当过大夫。孔子在鲁国曾任司寇，是大夫一级的官员。

译 文

颜渊死了，（他的父亲）颜路请求孔子卖掉车子，给颜渊买个外椁。孔子说："（虽然颜渊和鲤）一个有才一个无才，但各自都是自己的儿子。孔鲤死的时候，也是有棺无椁。我没有卖掉自己的车子步行而给他买椁。因为我还跟随在大夫之后，是不可以步行的。"

原 文

颜渊死，子曰："噫！天丧予！天丧予！"

译 文

颜渊死了，孔子说："唉！是老天爷真要我的命呀！是老天

80

爷真要我的命呀！"

原文

颜渊死，子哭之恸①。从者曰："子恸矣。"曰："有恸乎？非夫②人之为恸而谁为？"

注解

①恸：哀伤过度，过于悲痛。

②夫：指示代词，此处指颜渊。

译文

颜渊死了，孔子哭得极其悲痛。跟随孔子的人说："您悲痛过度了！"孔子说："是太悲伤过度了吗？我不为这个人悲伤过度，又为谁呢？"

原文

季路问事鬼神。子曰："未能事人，焉能事鬼？"曰："敢问死。"曰："未知生，焉知死？"

　　季路问怎样去事奉鬼神。孔子说："没能事奉好人，怎么能事奉鬼呢？"季路说："请问死是怎么回事？"（孔子回答）说："还不知道活着的道理，怎么能知道死呢？"

　　闵子侍侧，訚訚[1]如也；子路，行行[2]如也；冉有、子贡，侃侃[3]如也。子乐。"若由也，不得其死然。"

　　①訚訚：和颜悦色的样子。

　　②行行：刚强的样子。

　　③侃侃：说话理直气壮。

　　闵子骞侍立在孔子身旁，一派和悦而温顺的样子；子路是一副刚强的样子；冉有、子贡是温和快乐的样子。孔子高兴了。但孔子又说："像仲由这样，只怕不得好死吧！"

　　子曰："回也其庶[1]乎，屡空[2]。赐不受命，而货殖[3]焉，亿[4]则屡中。"

注 解

①庶：庶几，相近。这里指颜渊的学问道德接近于完善。

②空：贫困、匮乏。

③货殖：做买卖。

④亿：同"臆"，猜测，估计。

译 文

孔子说："颜回的学问道德接近于完善了吧，可是他常常贫困。端木赐不听命运的安排，去做买卖，猜测行情，往往猜中了。"

原 文

子张问善人①之道。子曰："不践迹②，亦不入于室③。"

注 解

①善人：指本质善良但没有经过学习的人。

②践迹：迹，脚印。踩着前人的脚印走。

③入于室：比喻学问和修养达到了精深地步。

译 文

子张问做善人的方法。孔子说："如果不沿着前人的脚印走，其学问和修养就不到家。

原文

子路问："闻斯行诸①？"子曰："有父兄在，如之何其闻斯行之？"冉有问："闻斯行诸？"子曰："闻斯行之。"公西华曰："由也问'闻斯行诸'，子曰，'有父兄在'；求也问'闻斯行诸'，子曰，'闻斯行之'。赤也惑，敢问。"子曰："求也退，故进之；由也兼人②，故退之。"

注解

①诸："之乎"二字的合音。

②兼人：好勇过人。

译文

子路问："听到了就行动起来吗？"孔子说："有父兄在，怎么能听到就行动起来呢？"冉有问："听到了就行动起来吗？"孔子说："听到了就行动起来。"公西华说："仲由问'听到了就行动起来吗？'你回答说'有父兄健在'，冉求问'听到了就行动起来吗？'你回答说'听到了就行动起来'。我被弄糊涂了，敢再问个明白。"孔子说："冉求总是退缩，所以我鼓励他；仲由好勇过人，所以我约束他。"

原文

子畏于匡，颜渊后。子曰："吾以女为死矣。"曰："子在，回何敢死？"

孔子在匡地受到当地人围困，颜渊最后才逃出来。孔子说："我以为你已经死了呢。"颜渊说："夫子还活着，我怎么敢死呢？"

子路使子羔为费宰。子曰："贼①夫人之子②。"子路曰："有民人焉，有社稷③焉，何必读书，然后为学？"子曰："是故恶夫佞者。"

注 解

①贼：害。

②夫人之子：指子羔。孔子认为他没有经过很好的学习就去从政，这会害了他自己的。

③社稷：社，土地神。稷，谷神。这里"社稷"指祭祀土地神和谷神的地方，即社稷坛。古代国都及各地都设立社稷坛，分别由国君和地方长官主祭，故社稷成为国家政权的象征。

译 文

子路让子羔去做费地的长官。孔子说："这简直是害人子弟。"子路说："那个地方有老百姓，有社稷，治理百姓和祭祀神灵都是学习，难道一定要读书才算学习吗？"孔子说："所以我讨厌那种花言巧语狡辩的人。"

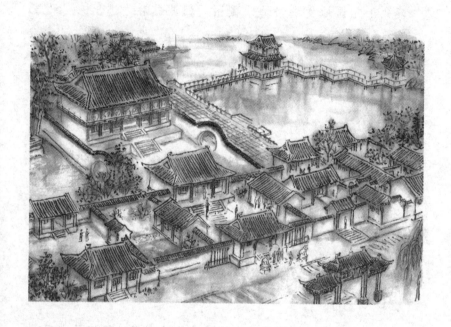

颜渊篇第十二

颜渊问仁。子曰:"克己复礼①为仁。一日克己复礼,天下归仁②焉。为仁由己,而由人乎哉?"颜渊曰:"请问其目③。"子曰:"非礼勿视,非礼勿听,非礼勿言,非礼勿动。"颜渊曰:"回虽不敏,请事④斯语矣。"

①克己复礼:克己,克制自己。复礼,使自己的言行符合于礼的要求。

②归仁:归,归顺。仁,即仁道。

③目:具体的条目。目和纲相对。

④事:从事,照着去做。

颜渊问怎样做才是仁。孔子说:"克制自己,一切都照着礼的要求去做，这就是仁。一旦这样做了，天下的一切就都归于仁了。实行仁德，完全在于自己，难道还在于别人吗？"颜渊说："请问实行仁的条目。"孔子说："不合于礼的不要看，不合于礼的不要听，不合于礼的不要说，不合于礼的不要做。"颜渊说："我虽然愚笨，也要照您的这些话去做。"

原　文

仲弓问仁。子曰："出门如见大宾，使民如承大祭①；己所不欲，勿施于人；在邦无怨，在家无怨②。"仲弓曰："雍虽不敏，请事③斯语矣。"

注　解

①出门如见大宾，使民如承大祭：这句话是说，出门办事和役使百姓，都要像迎接贵宾和进行大祭时那样恭敬严肃。

②在邦无怨，在家无怨：邦，诸侯统治的国家。家，卿大夫统治的封地。

③事：从事，照着去做。

译　文

仲弓问怎样做才是仁。孔子说："出门办事如同去接待贵宾，使唤百姓如同去进行重大的祭祀，（都要认真严肃。）自己不愿意做的，不要强加于别人；做到在诸侯的朝廷上没人怨恨（自己）；在卿大夫的封地里也没人怨恨（自己）。"仲弓说："我虽然笨，也要照您的话去做。"

原文

司马牛①问仁。子曰："仁者，其言也讱②。"曰："其言也讱，斯③谓之仁已乎？"子曰："为之难，言之得无讱乎？"

注解

①司马牛：姓司马名耕，字子牛，孔子的学生。

②讱：话难说出口。这里引申为说话谨慎。

③斯：就。

译文

司马牛问怎样做才是仁。孔子说："仁人说话是慎重的。"司马牛说："说话慎重，这就叫做仁了吗？"孔子说："做起来很困难，说起来能不慎重吗？"

原文

司马牛问君子。子曰："君子不忧不惧。"曰："不忧不惧，斯谓之君子已乎？"子曰："内省不疚，夫何忧何惧？"

译文

司马牛问怎样做一个君子。孔子说："君子不忧愁，不恐惧。"司马牛说:"不忧愁,不恐惧,这样就可以叫做君子了吗?"孔子说:"自己问心无愧,那还有什么忧愁和恐惧呢?"

原文

齐景公①问政于孔子。孔子对曰:"君君、臣臣、父父、子子。"公曰:"善哉!信如君不君,臣不臣,父不父,子不子,虽有粟,吾得而食诸?"

注解

①齐景公:名杵臼,齐国国君,公元前547年~前490年在位。

译文

齐景公问孔子如何治理国家。孔子说:"做君主的要像君的样子,做臣子的要像臣的样子,做父亲的要像父亲的样子,做儿子的要像儿子的样子。"齐景公说:"讲得好呀!如果君不像君,臣不像臣,父不像父,子不像子,虽然有粮食,我能吃得上吗?"

原文

子曰:"片言①可以折狱②者,其由也与③?"子路无宿诺④。

注解

①片言:诉讼双方中一方的言辞,即片面之词,古时也叫

"单辞"。

②折狱：狱，案件。即断案。

③其由也与：大概只有仲由吧。

④宿诺：宿，久。拖了很久而没有兑现的诺言。

孔子说："只听了单方面的供词就可以判决案件的，大概只有仲由吧。"子路说话没有不算数的时候。

季康子问政于孔子。子对曰："政者，正也。子帅以正，孰敢不正？"

季康子问孔子如何治理国家。孔子回答说："政就是正的意思。您本人带头走正路，那么还有谁敢不走正道呢？"

季康子患盗，问于孔子。孔子对曰："苟子之不欲，虽赏之不窃。"

季康子担忧盗窃，问孔子怎么办。孔子回答说："假如你自己不贪图财利，即使奖励偷窃，也没有人偷盗。"

原 文

樊迟问仁。子曰："爱人。"问知。子曰："知人。"樊迟未
达。子曰："举直错诸枉^①，能使枉者直。"樊迟退，见子夏曰：
"乡^②也吾见于夫子而问知，子曰'举直错诸枉，能使枉者直'，
何谓也？"子夏曰："富哉言乎！舜有天下，选于众，举皋陶^③，
不仁者远^④矣。汤^⑤有天下，选于众，举伊尹^⑥，不仁者远矣。"

注 解

①举直错诸枉：错，同"措"，放置。诸，这是"之于"二
字的合音。枉，不正直，邪恶。意为选拔直者，罢黜枉者。

②乡：同"向"，过去。

③皋陶：传说中舜时掌握刑法的大臣。

④远：动词，远离，远去。

⑤汤：商朝的第一个君主，名履。

⑥伊尹：汤的宰相，曾辅助汤灭夏兴商。

译 文

樊迟问什么是仁。孔子说："爱人。"樊迟问什么是智，孔
子说："了解人。"樊迟还不明白。孔子说："选拔正直的人，罢
除邪恶的人，这样就能使邪者归正'。樊迟退出来，见到子夏说：
"刚才我见到老师，问他什么是智，他说'选拔正直的人，罢除

邪恶的人，这样就能使邪者归正'。
这是什么意思?"子夏说:"这话说
得多么深刻呀!舜有天下，在众人
中逃选人才，把皋陶选拔出来，不
仁的人就被疏远了。汤有了天下，
在众人中挑选人才，把伊尹选拔出
来，不仁的人就被疏远了。"

原 文

　　子贡问友。子曰:"忠告而善道
之，不可则止，毋自辱焉。"

译 文

　　子贡问怎样对待朋友。孔子说:
"忠诚地劝告他，恰当地引导他，
如果不听也就罢了，不要自取其辱。"

子路篇第十三

原　文

子路问政。子曰:"先之劳之①。"请益②。曰:"无倦③。"

注　解

①先之劳之:先,引导,先导,即教化。之,指老百姓。做在老百姓之前,使老百姓勤劳。

②益:请求增加一些。

③无倦:不厌倦,不松懈。

译　文

子路问怎样管理政事。孔子说:"做在老百姓之前,使老百姓勤劳。"子路请求多讲一点。孔子说:"不要懈怠。"

原　文

仲弓为季氏宰,问政。子曰:"先有司①,赦小过,举贤才。"曰:"焉知贤才而举之?"曰:"举尔所知。尔所不知,人其舍诸②?"

注解

①有司:古代负责具体事务的官吏。

②诸:"之乎"二字的合音。

译文

仲弓做了季氏的家臣,问怎样管理政事。孔子说:"先责成手下负责具体事务的官吏,让他们各负其责,赦免他们的小过错,选拔贤才来任职。"仲弓又问:"怎样知道是贤才而把他们选拔出来呢?"孔子说:"选拔你所知道的,至于你不知道的贤才,别人难道还会埋没他们吗?"

原文

樊迟请学稼。子曰:"吾不如老农。"请学为圃①。曰:"吾不如老圃。"樊迟出。子曰:"小人哉,樊须也!上好礼,则民莫敢不敬,上好义,则民莫敢不服;上好信,则民莫敢不用情②。夫如是,则四方之民襁③负其子而至矣,焉用稼?"

注解

①圃:菜地,引申为种菜。

②用情:情,实情。以真心实情来对待。

③褓：背婴孩的背篓。

 译 文

樊迟向孔子请教如何种庄稼。孔子说："我不如老农。"樊迟又请教如何种菜。孔子说："我不如老菜农。"樊迟退出以后，孔子说："樊迟真是小人。在上位者只要重视礼，老百姓就不敢不敬畏；在上位者只要重视义，老百姓就不敢不服从；在上位的人只要重视信，老百姓就不敢不用真心实情来对待你。要是做到这样，四面八方的老百姓就会背着自己的小孩来投奔，哪里用得着自己去种庄稼呢？"

原 文

子曰："诵《诗》三百，授之以政，不达①；使于四方，不能专对②。虽多，亦奚以③为？"

注 解

①达：通达。这里是会运用的意思。

②专对：独立对答。

③以：用。

译 文

孔子说："把《诗》三百篇背得很熟，让他处理政务，却不会办事；让他当外交使节，不能独立地办交涉；背得很多，又有什么用呢?"

原文

子曰:"其身正,不令而行;其身不正,虽令不从。"

译文

孔子说:"自身正了,即使不发布命令,老百姓也会去干;自身不正,即使发布命令,老百姓也不会服从。"

原文

子曰:"苟有用我者,期月而已可也,三年有成。"

译文

孔子说:"如果有人用我治理国家,一年便可以搞出个样子,三年就一定会有成效。"

原文

子曰:"善人为邦百年,亦可以胜残去杀矣。诚哉是言也!"

译文

孔子说:"善人治理国家,经过一百年,也就可以消除残暴,废除刑罚杀戮了。这话真对呀!"

子夏为莒父①宰，问政。子曰："毋欲速，毋见小利。欲速则不达，见小利，则大事不成。"

①莒父：莒，鲁国的一个城邑，在今山东省莒县境内。

子夏做莒父的总管，问孔子怎样办理政事。孔子说："不要求快，不要贪求小利。求快反而达不到目的，贪求小利就做不成大事。"

叶公语孔子曰："吾党①有直躬者②，其父攘羊③，而子证④之。"孔子曰："吾党之直者异于是，父为子隐，子为父隐，直在其中矣。"

①党：乡党，古代以五百户为一党。

②直躬者：正直的人。

③攘羊：偷羊。

④证：告发。

叶公告诉孔子说："我的家乡有个正直的人，他的父亲偷了人家的羊，他告发了父亲。"孔子说："我家乡的正直的人和你讲的正直人不一样：父亲为儿子隐瞒，儿子为父亲隐瞒。正直就在其中了。"

原　文

樊迟问仁。子曰："居处恭，执事敬，与人忠。虽之夷狄，不可弃也。"

译　文

樊迟问怎样才是仁。孔子说："平常在家规规矩矩，办事严肃认真，待人忠心诚意。即使到了夷狄之地，也不可背弃。"

原　文

子曰："不得中行①而与之，必也狂狷②乎！狂者进取，狷者有所不为也。"

注　解

①中行：行为合乎中庸。

②狷：拘谨，有所不为。

99

译　文

孔子说："我找不到奉行中庸之道的人和他交往，只能与狂者、狷者相交往了。狂者敢作敢为，狷者对有些事是不肯干的。"

原　文

子曰："南人有言曰：'人而无恒，不可以作巫医①。'善夫！""不恒其德，或承之羞②。"子曰："不占③而已矣。"

注　解

①巫医：用卜筮为人治病的人。

②不恒其德，或承之羞：此二句引自《易经·恒卦·爻辞》。

③占：占卜。

译　文

孔子说："南方人有句话说：'人如果做事没有恒心，就不能当巫医。'这句话说得真好啊！""人不能长久地保存自己的德行，免不了要遭受耻辱。"孔子说："（这句话是说，做事没有恒心的人）用不着去占卦了。"

原　文

子曰："君子和①而不同②，小人同而不和。"

注解

①和：不同的东西和谐地配合叫做和，各方面之间彼此不同。

②同：相同的东西相加或与人相混同，叫做同。各方面之间完全相同。

译文

孔子说："君子讲求和谐而不同流合污，小人只求完全一致，而不讲求协调。"

原文

子贡问曰："乡人皆好之，何如？"子曰："未可也。""乡人皆恶之，何如？"子曰："未可也。不如乡人之善者好之，其不善者恶之。"

译文

子贡问孔子说："全乡人都喜欢、赞扬他，这个人怎么样？"孔子说："这还不能肯定。"子贡又问孔子说："全乡人都厌恶、憎恨他，这个人怎么样？"孔子说："这也是不能肯定的。最好的人是全乡的好人都喜欢他，全乡的坏人都厌恶他。"

宪问篇第十四

宪①问耻。子曰："邦有道，谷②；邦无道，谷，耻也。""克、伐③、怨、欲不行焉，可以为仁矣？"子曰："可以为难矣，仁则吾不知也。"

注 解

①宪：姓原名宪，孔子的学生。

②谷：这里指做官者的俸禄。

③伐：自夸。

译 文

原宪问孔子什么是可耻。孔子说："国家有道，做官拿俸禄；国家无道，还做官拿俸禄，这就是可耻。"原宪又问："好胜、自夸、怨恨、贪欲都没有的人，可以算做到仁了吧？"孔子说："这可以说是很难得的，但至于是不是做到了仁，那我就不知道了。"

102

子曰："士而怀居①，不足以为士矣。"

①怀居：怀，思念，留恋。居，家居。指留恋家居的安逸生活。

孔子说："士如果留恋家庭的安逸生活，就不配做士了。"

子曰："君子而不仁者有矣夫，未有小人而仁者也。"

孔子说："君子中没有仁德的人是有的，而小人中有仁德的人是没有的。"

子曰："爱之，能勿劳乎？忠焉，能勿诲乎？"

译文

孔子说："爱他，能不为他操劳吗？忠于他，能不对他劝告吗？"

原 文

子曰："为命①，裨谌②草创之，世叔③讨论之，行人④子羽⑤修饰之，东里⑥子产润色之。"

注 解

①命：指国家的政令。

②裨谌：人名，郑国的大夫。

③世叔：即子太叔，名游吉，郑国的大夫。子产死后，继子产为郑国宰相。

④行人：官名，掌管朝觐聘问，即外交事务。

⑤子羽：郑国大夫公孙挥的字。

⑥东里：地名，郑国大夫子产居住的地方。

译文

孔子说："郑国发表的公文，都是由裨谌起草的，世叔提出意见，外交官子羽加以修饰，由子产作最后修改润色。"

原 文

或问子产。子曰："惠人也。"问子西①。曰："彼哉！彼哉！"问管仲。曰："人也②。夺伯氏③骈邑④三百，饭疏食，没齿⑤无怨言。"

注解

①子西：这里的子西指楚国的令尹，名申。

②人也：即此人也。

③伯氏：齐国的大夫。

④骈邑：地名，伯氏的采邑。

⑤没齿：死。

译文

有人问子产是个怎样的人。孔子说："是个有恩惠于人的人。"又问子西。孔子说："他呀！他呀！"又问管仲。孔子说："他是个有才干的人，他把伯氏骈邑的三百家夺走，使伯氏终生吃粗茶淡饭，直到老死也没有怨言。"

原文

子问公叔文子①于公明贾②曰："信乎，夫子③不言，不笑，不取乎？"公明贾对曰："以④告者过也。夫子时然后言，人不厌其言；乐然后笑，人不厌其笑；义然后取，人不厌其取。"子曰："其然？岂其然乎？"

注解

①公叔之子：卫国大夫公孙拔，卫献公之子。谥号"文"。

②公明贾：姓公明字贾，卫国人。

③夫子：文中指公叔文子。

④以：此处是"这个"的意思。

孔子向公明贾问到公叔文子，说："先生他不说、不笑、不取钱财，是真的吗？"公明贾回答道："这是告诉你话的那个人的过错。先生他到该说时才说，因此别人不厌恶他说话；快乐时才笑，因此别人不厌恶他笑；合于礼要求的财利他才取，因此别人不厌恶他取。"孔子说："原来这样，难道真是这样吗？"

原　文

子曰："臧武仲以防求为后于鲁，虽曰不要君，吾不信也。"

孔子说："臧武仲凭借防邑请求鲁君在鲁国替臧氏立后代，虽然有人说他不是要挟君主，我不相信。"

原　文

子贡曰："管仲非仁者与？桓公杀公子纠，不能死，又相之。"子曰："管仲相桓公，霸诸侯，一匡天下，民到于今受其赐。微①管仲，吾其被发左衽②矣。岂若匹夫匹妇之为谅③也，自经④于沟渎⑤而莫之知也。"

106

注解

①微：无，没有。

②被发左衽：被，同“披”。衽，衣襟。“被发左衽”是当时的夷狄之俗。

③谅：遵守信用。这里指小节小信。

④自经：上吊自杀。

⑤渎：小沟渠。

译文

子贡问：“管仲不能算是仁人了吧？桓公杀了公子纠，他不能为公子纠殉死，反而做了齐桓公的宰相。”孔子说：“管仲辅佐桓公，称霸诸侯，匡正了天下，老百姓到了今天还享受到他的好处。如果没有管仲，恐怕我们也要披散着头发，衣襟向左开了。哪能像普通百姓那样恪守小节，自杀在小山沟里，而谁也不知道呀。”

原文

子路问事君。子曰：“勿欺也，而犯之。”

译文

子路问怎样事奉君主。孔子说：“不能欺骗他，但可以犯颜直谏。”

子曰:"君子上达,小人下达。"

孔子说:"君子向上通达仁义,小人向下通达财利。"

原文

子曰:"古之学者为己,今之学者为人。"

译文

孔子说:"古代的人学习是为了提高自己,而现在的人学习是为了给别人看。"

原文

蘧伯玉①使人于孔子。孔子与之坐而问焉,曰:"夫子何为?"对曰:"夫子欲寡其过而未能也。"使者出,子曰:"使乎!使乎!"

注解

①蘧伯玉:蘧,人名,卫国的大夫,名瑗,孔子到卫国时曾住在他的家里。

译文

　　蘧伯玉派使者去拜访孔子。孔子让使者坐下，然后问道："先生最近在做什么？"使者回答说："先生想要减少自己的错误，但未能做到。"使者走了以后，孔子说："好一位使者啊，好一位使者啊！"

原　文

　　子曰："不在其位，不谋其政。"曾子曰："君子思不出其位。"

译文

　　孔子说："不在那个职位，就不要考虑那个职位上的事情。"曾子说："君子考虑问题，从来不超出自己的职位范围。"

原　文

　　子曰："君子耻其言而过其行。"

译文

　　孔子说："君子认为说得多而做得少是可耻的。"

原　文

　　子曰："君子道者三，我无能焉：仁者不忧，知者不惑，勇者不惧。"子贡曰:"夫子自道也。"

译文

孔子说:"君子之道有三个方面,我都未能做到:仁德的人不忧愁,聪明的人不迷惑,勇敢的人不畏惧。"子贡说:"这正是老师的自我修养啊!"

原文

子贡方人①。子曰:"赐也贤乎哉②?夫我则不暇。"

注解

①方人:评论、诽谤别人。

②赐也贤乎哉:疑问语气,批评子贡不贤。

译文

子贡评论别人的短处。孔子说:"赐啊,你真的就那么贤良吗?我可没有闲工夫去评论别人。"

原文

子张曰:"《书》云:'高宗①谅阴②,三年不言。'何谓也?"子曰:"何必高宗?古之人皆然。君薨③,百官总己以听于冢宰④三年。"

注 解

①高宗：商王武宗。

②谅阴：古时天子守丧之称。

③薨：周代时诸侯死称此。

④冢宰：官名，相当于后世的宰相。

译 文

子张说："《尚书》上说，'高宗守丧，三年不谈政事。'这是什么意思？"孔子说："不仅是高宗，古人都是这样。国君死了，朝廷百官都各管自己的职事，听命于冢宰三年。"

卫灵公篇第十五

　　卫灵公问陈①于孔子。孔子对曰："俎豆②之事，则尝闻之矣；军旅之事，未之学也。"明日遂行。

　　①陈：同"阵"，军队作战时，布列的阵势。

　　②俎豆：俎，俎豆是古代盛食物的器皿，被用作祭祀时的礼器。

　　卫灵公向孔子问军队列阵之法。孔子回答说："祭祀礼仪方面的事情，我还听说过；用兵打仗的事，从来没有学过。"第二天，孔子便离开了卫国。

　　在陈绝粮，从者病，莫能兴。子路愠①见曰："君子亦有穷乎？"子曰："君子固穷②，小人穷斯滥矣。"

注 解

①愠：怒，怨恨。

②固穷：固守穷困，安守穷困。

译 文

（孔子一行）在陈国断了粮食，随从的人都饿病了。子路很不高兴地来见孔子，说道："君子也有穷得毫无办法的时候吗？"孔子说："君子虽然穷困，但还是坚持着；小人一遇穷困就无所不为了。"

原 文

子曰："赐也！女以予为多学而识之者与？"对曰："然，非与？"曰："非也，予一以贯之。"

译 文

孔子说："赐啊！你以为我是学习得多了才一一记住的吗？"子贡答道："是啊，难道不是这样吗？"孔子说："不是的。我是用一个根本的东西把它们贯彻始终的。"

原 文

子曰："由！知德者鲜矣。"

译 文

孔子说:"由啊! 懂得德的人太少了。"

原 文

子曰:"直哉史鱼^①! 邦有道,如矢^②;邦无道,如矢。君子哉蘧伯玉! 邦有道,则仕;邦无道,则可卷而怀之。"

注 解

①史鱼:卫国大夫,名䲡,字子鱼,他多次向卫灵公推荐蘧伯玉。

②如矢:矢,箭。形容其直。

译 文

孔子说:"史鱼真是正直啊! 国家有道,他的言行像箭一样直;国家无道,他的言行也像箭一样直。蘧伯玉也真是一位君子啊! 国家有道就出来做官,国家无道就(辞退官职)把自己的主张收藏在心里。"

原 文

子曰:"人无远虑,必有近忧。"

译 文

孔子说:"人没有长远的考虑,一定会有眼前的忧患。"

原文

子曰:"已矣乎! 吾未见好德如好色者也。"

译文

孔子说:"完了,我从来没有见像好色那样好德的人。"

原文

子曰:"臧文仲其窃位①者与! 知柳下惠②之贤而不与立也。"

注解

①窃位:身居官位而不称职。

②柳下惠:春秋中期鲁国大夫,姓展名获,又名禽,他受封的地名是柳下,惠是他的私谥,所以,人称其为柳下惠。

译文

孔子说:"臧文仲是一个窃居官位的人吧! 他明知道柳下惠是个贤人,却不举荐他一起做官。"

原文

子曰:"躬自厚而薄责于人,则远怨矣。"

译文

孔子说:"多责备自己而少责备别人,那就可以避免别人的怨恨了。"

原文

子曰："不曰'如之何①，如之何'者，吾末②如之何也已矣。"

注解

①如之何：怎么办的意思。

②末：这里指没有办法。

译文

孔子说："从来遇事不说'怎么办，怎么办'的人，我对他也不知怎么办才好。"

原文

子曰："群居终日，言不及义，好行小慧，难矣哉！"

译文

孔子说："整天聚在一块，说的都达不到义的标准，专好卖弄小聪明，这种人真难教导。"

116

原文

子曰："君子义以为质，礼以行之，孙以出之，信以成之。君子哉！"

译文

孔子说："君子以义作为根本，用礼加以推行，用谦逊的语言来表达，用忠诚的态度来完成，这就是君子了。"

原文

子曰："君子矜①而不争，群而不党。"

注解

①矜：庄重的意思。

译文

孔子说："君子庄重而不与别人争执，合群而不结党营私。"

原文

子曰："君子不以言举人，不以人废言。"

译文

孔子说："君子不凭一个人说的话来举荐他，也不因为一个人不好而不采纳他的好话。"

原 文

子贡问曰:"有一言而可以终身行之者乎?"子曰:"其恕乎! 己所不欲,勿施于人。"

译 文

子贡向孔子问道:"有没有一个字可以终身奉行的呢?"孔子回答说:"那就是恕吧! 自己不愿意的,不要强加给别人。"

原 文

子曰:"吾之于人也,谁毁谁誉? 如有所誉者,其有所试矣。斯民也,三代之所以直道而行也。"

译 文

孔子说:"我对于别人,诋毁过谁? 赞美过谁? 如有所赞美的,必须是曾经考验过他的。夏商周三代的人都是这样做的,所以三代能直道而行。"

原 文

子曰:"吾犹及史之阙文①也,有马者借人乘之②,今亡矣夫。"

注 解

①阙文:史官记史,遇到有疑问的地方便缺而不记,这叫

做阙文。

②有马者借人乘之：有人认为此句系错出，另有一种解
释为：有马的人自己不会调教，而靠别人训练。本书依从
后者。

译　文

孔子说："我还能够看到史书存疑的地方，有马的人（自己
不会调教，）先给别人使用，这种精神，今天没有了罢。"

原　文

子曰："巧言乱德。小不忍，则乱大谋。"

译　文

孔子说："花言巧语就败坏人的德行，小事情不忍耐，就会
败坏大事情。"

原　文

子曰："众恶之，必察焉；众好之，必察焉。"

译　文

孔子说："大家都厌恶他，我必须考察一下；大家都喜欢他，
我也一定要考察一下。"

原 文

子曰："人能弘道，非道弘人。"

译 文

孔子说："人能够使道发扬光大，不是道使人的才能扩大。"

原 文

子曰："过而不改，是谓过矣。"

译 文

孔子说："有了过错而不改正，这才真叫错了。"

原 文

子曰："君子不可小知①而可大受②也，小人不可大受而可小知也。"

注 解

①小知：知，作为的意思，做小事情。

②大受：受，责任，使命的意思，承担大任。

译 文

孔子说："君子不能让他们做那些小事，但可以让他们承担重大的使命。小人不能让他们承担重大的使命，但可以让他们做那些小事。"

子曰："民之于仁也，甚于水火。水火，吾见蹈而死者矣，未见蹈仁而死者也。"

译 文

孔子说："百姓们对于仁（的需要），比对于水（的需要）更迫切。我只见过人跳到水火中而死的，却没有见过实行仁而死的。"

原 文

子曰："君子贞①而不谅②。"

注 解

①贞：一说是"正"的意思，一说是"大信"的意思。这里选用"正"的说法。

②谅：信，守信用。

译 文

孔子说:"君子固守正道,而不拘泥于小错。"

原 文

子曰:"辞达而已矣。"

译 文

孔子说:"言辞只要能表达意思就行了。"

原 文

"师冕①见,及阶,子曰:"阶也。"及席,子曰:"席也。"皆坐,子告之曰:"某在斯,某在斯。"师冕出,子张问曰:"与师言之道与?"子曰:"然,固相②师之道也。"

注 解

①师冕:乐师,这位乐师的名字是冕。
②相:帮助。

译 文

乐师冕来见孔子,走到台阶沿,孔子说:"这儿是台阶。"走到坐席旁,孔子说:"这是坐席。"等大家都坐下来,孔子告诉他:"某某在这里,某某在这里。"师冕走了以后,子张就问孔子:"这就是与乐师谈话的道吗?"孔子说:"这就是帮助乐师的道。"

季氏篇第十六

孔子曰："天下有道，则礼乐征伐自天子出；天下无道，则礼乐征伐自诸侯出。自诸侯出，盖十世希不失矣；自大夫出，五世希不失矣；陪臣执国命，三世希不失矣。天下有道，则政不在大夫。天下有道，则庶人不议。"

孔子说："天下有道的时候，制作礼乐和出兵打仗都由天子做主决定；天下无道的时候，制作礼乐和出兵打仗，由诸侯做主决定。由诸侯做主决定，大概经过十代很少有不垮台的；由大夫决定，经过五代很少有不垮台的。天下有道，国家政权就不会落在大夫手中。天下有道，老百姓也就不会议论国家政治了。"

孔子曰："禄之去公室五世[1]矣，政逮[2]于大夫四世[3]矣，故夫三桓④之子孙微矣。"

注 解

①五世：指鲁国宣公、成公、襄公、昭公、定公五世。

②逮：及。

③四世：指季孙氏文子、武子、平子、桓子四世。

④三桓：鲁国伸孙、叔孙、季孙都出于鲁桓公，所以叫三桓。

译 文

孔子说："鲁国失去国家政权已经有五代了，政权落在大夫之手已经四代了，所以三桓的子孙也衰败了。"

原 文

孔子曰："益者三友，损者三友。友直，友谅①，友多闻，益矣。友便辟②，友善柔③，友便佞④，损矣。"

注 解

①谅：诚信。

②便辟：惯于走邪道。

③善柔：善于和颜悦色骗人。

④便佞：惯于花言巧语。

孔子说:"有益的交友有三种,有害的交友有三种。同正直的人交友,同诚信的人交友,同见闻广博的人交友,这是有益的。同惯于走邪道的人交朋友,同善于阿谀奉承的人交朋友,同惯于花言巧语的人交朋友,这是有害的。"

原 文

孔子曰:"生而知之者,上也;学而知之者,次也;困而学之,又其次也;困而不学,民斯为下矣。"

译 文

孔子说:"生来就知道的人,是上等人;经过学习以后才知道的,是次一等的人;遇到困难再去学习的,是又次一等的人;遇到困难还不学习的人,这种人就是下等的人了。"

原 文

孔子曰:"君子有九思:视思明,听思聪,色思温,貌思恭,言思忠,事思敬,疑思问,忿思难,见得思义。"

译 文

孔子说:"君子有九种要思考的事:看的时候,要思考看清与否;听的时候,要思考是否听清楚;自己的脸色,要思考是否温和，容貌要思考是否谦恭；言谈的时候，要思考是否忠诚；办事要思考是否谨慎严肃；遇到疑问，要思考是否应该向别人询问；愤怒时，要思考是否有后患，获取财利时，要思考是否合乎义的准则。"

原文

子曰："见善如不及，见不善如探汤。吾见其人矣，吾闻其语矣。隐居以求其志，行义以达其道。吾闻其语矣，未见其人也。"

译文

孔子说："看到善良的行为，就担心达不到，看到不善良的行动，就好像把手伸到开水中一样赶快避开。我见到过这样的人，也听到过这样的话。以隐居避世来保全自己的志向，依照义而贯彻自己的主张。我听到过这种话，却没有见到过这样的人。"

原文

陈亢①问于伯鱼曰:"子亦有异闻②乎?"对曰:"未也。尝独立,鲤趋而过庭。曰:'学诗乎?'对曰:'未也'。'不学诗,无以言。'鲤退而学诗。他日,又独立,鲤趋而过庭。曰:'学礼乎?'对曰:'未也'。'不学礼,无以立。'鲤退而学礼。闻斯二者。"陈亢退而喜曰:"问一得三。闻诗,闻礼,又闻君子之远③其子也。"

注解

①陈亢:亢,即陈子禽。

②异闻:这里指不同于对其他学生所讲的内容。

③远,不亲近,不偏爱。

译文

陈亢问伯鱼:"你在老师那里听到过什么特别的教诲吗?"伯鱼回答说:"没有呀。有一次他独自站在堂上,我快步从庭里走过,他说:'学《诗》了吗?'我回答说:'没有。'他说:'不学诗,就不懂得怎么说话。'我回去就学《诗》。又有一天,他又独自站在堂上,我快步从庭里走过,他说:'学礼了吗?'我回答说:'没有。'他说:'不学礼就不懂得怎样立身。'我回去就学礼。我就听到过这两件事。"陈亢回去高兴地说:"我提一个问题,得到三方面的收获,听了关于《诗》的道理,听了关于礼的道理,又听了君子不偏爱自己儿子的道理。"

阳货篇第十七

阳货①欲见孔子，孔子不见，归孔子豚②。孔子时其亡③也，而往拜之，遇诸涂④。谓孔子曰："来！予与尔言。"曰："怀其宝而迷其邦⑤，可谓仁乎？"曰："不可。""好从事而亟⑥失时，可谓知乎？"曰："不可。""日月逝矣，岁不我与⑦。"孔子曰："诺，吾将仕矣。"

①阳货：又叫阳虎，季氏的家臣。

②归孔子豚：归，赠送。豚，小猪。赠给孔子一只煮熟的小猪。

③时其亡：等他外出的时候。

④遇诸涂：涂，同"途"，道路。在路上遇到了他。

⑤迷其邦：听任国家迷乱。

⑥亟：屡次。

⑦与：在一起，等待的意思。

　　阳货想见孔子，孔子不见，他便赠送给孔子一只煮熟的小猪，想要孔子去拜见他。孔子打听到阳货不在家时，往阳货家拜谢，却在半路上遇见了。阳货对孔子说："来，我有话要跟你说。"（孔子走过去。）阳货说："把自己的本领藏起来而听任国家迷乱，这可以叫做仁吗？"（孔子回答）说："不可以。"（阳货）说："喜欢参与政事而又屡次错过机会，这可以说是智吗？"（孔子回答）说："不可以。"（阳货）说："时间一天天过去了，年岁是不等人的。"孔子说："好吧，我将要去做官了。"

原文

　　子曰："性相近也，习相远也。"

　　孔子说："人的本性是相近的，由于习染不同才相互有了差别。"

原文

　　子之武城①，闻弦歌②之声。夫子莞尔而笑，曰："割鸡焉用牛刀？"子游对曰："昔者偃也闻诸夫子曰：'君子学道则爱人，小人学道则易使也。'"子曰："二三子！偃之言是也。前言戏之耳。"

少年读论语

①武城：鲁国的一个小城，当时子游是武城宰。

②弦歌：弦，指琴瑟。以琴瑟伴奏歌唱。

译文

孔子到武城，听见弹琴唱歌的声音。孔子微笑着说："杀鸡何必用宰牛的刀呢？"子游回答说："以前我听先生说过，'君子学习了礼乐就能爱人，小人学习了礼乐就容易指使。'"孔子说："学生们，言偃的话是对的。我刚才说的话，只是开个玩笑而已。"

原文

公山弗扰①以费畔，召，子欲往。子路不悦，曰："末之也已②，何必公山氏之之也③。"子曰："夫召我者，而岂徒④哉？如有用我者，吾其为东周乎⑤？"

注解

①公山弗扰：人名，又称公山不狃，字子泄，季氏的家臣。

②末之也已：末，无。之，到、往。末之，无处去。已，止，算了。

③之之也：第一个"之"字是助词，后一个"之"字是动词，去、到的意思。

④徒：徒然，空无所据。

⑤吾其为东周乎：为东周建造一个东方的周王朝，在东方复兴周礼。

译 文

公山弗扰据费邑反叛，来召孔子，孔子准备前去。子路不高兴地说："没有地方去就算了，为什么一定要去公山弗扰那里呢？"孔子说："他来召我，难道只是一句空话吗？如果有人用我，我就要在东方复兴周礼，建设一个东方的西周。"

原 文

子曰："由也，女闻六言六蔽矣乎？"对曰："未也。""居①，吾语女。好仁不好学，其蔽也愚②；好知不好学，其蔽也荡③；好信不好学，其蔽也贼④；好直不好学，其蔽也绞⑤；好勇不好学，其蔽也乱；好刚不好学，其蔽也狂。"

注 解

①居：坐。

②愚：受人愚弄。

阳货篇第十七

131

③荡：放荡。好高骛远而没有根基。

④贼：害。

⑤绞：说话尖刻。

孔子说："由呀，你听说过六种品德和六种弊病了吗？"子路回答说："没有。"孔子说："坐下，我告诉你。爱好仁德而不爱好学习，它的弊病是受人愚弄；爱好智慧而不爱好学习，它的弊病是行为放荡；爱好诚信而不爱好学习，它的弊病是危害亲人；爱好直率却不爱好学习，它的弊病是说话尖刻；爱好勇敢却不爱好学习，它的弊病是犯上作乱；爱好刚强却不爱好学习，它的弊病是狂妄自大。"

子曰："道听而涂说，德之弃也。"

孔子说："在路上听到传言就到处去传播，这是道德所唾弃的。"

子曰："鄙夫可与事君也与哉？其未得之也，患得之。既得之，患失之。苟患失之，无所不至矣。"

译文

孔子说:"可以和一个鄙夫一起事奉君主吗?他在没有得到官位时,总担心得不到。已经得到了,又怕失去它。如果他担心失掉官职,那他就什么事都干得出来了。"

原 文

子曰:"古者民有三疾,今也或是之亡也。古之狂①也肆②,今之狂也荡③;古之矜也廉④,今之矜也忿戾⑤;古之愚也直,今之愚也诈而已矣。"

注 解

①狂:狂妄自大,愿望太高。

②肆:放肆,不拘礼节。

③荡:放荡,不守礼。

④廉:不可触犯。

⑤戾:火气太大,蛮横不讲理。

原 文

子曰:"巧言令色①,鲜矣仁。"

注 解

①令色:令,好、善;色,脸色。

孔子说:"花言巧语,一副讨好人的脸色,这样的人是很少有仁德的。"

原 文

子曰:"恶紫之夺朱也,恶郑声之乱雅乐也,恶利口之覆邦家者。"

译 文

孔子说:"我厌恶用紫色取代红色,厌恶用郑国的声乐扰乱雅乐,厌恶用伶牙俐齿而颠覆国家这样的事情。"

原 文

子曰:"予欲无言。"子贡曰:"子如不言,则小子何述焉?"子曰:"天何言哉?四时行焉,百物生焉,天何言哉?"

译 文

孔子说:"我想不说话了。"子贡说:"你如果不说话,那么我们这些学生还学习什么呢?"孔子说:"天何尝说话呢?四季照常运行,百物照样生长。天说了什么话呢?"

微子篇第十八

原　文

微子①去之，箕子②为之奴，比干③谏而死。孔子曰："殷有三仁焉。"

注　解

①微子：殷纣王的同母兄长，见纣王无道，劝他不听，遂离开纣王。

②箕子：箕，殷纣王的叔父。他去劝纣王，见王不听，便披发装疯，被降为奴隶。

③比干：殷纣王的叔父，屡次强谏，激怒纣王而被杀。

译　文

微子离开了纣王，箕子做了他的奴隶，比干被杀死了。孔子说："这是殷朝的三位仁人啊！"

原文

柳下惠为士师①，三黜②。人曰："子未可以去乎？"曰："直道而事人，焉往而不三黜？枉道而事人，何必去父母之邦？"

注解

①士师：典狱官，掌管刑狱。

②黜：罢免不用。

译文

柳下惠当典狱官，三次被罢免。有人说："你不可以离开鲁国吗？"柳下惠说："按正道事奉君主，到哪里不会被多次罢官呢？如果不按正道事奉君主，为什么一定要离开本国呢？"

原文

齐景公待孔子曰："若季氏，则吾不能；以季、孟之间待之。"曰："吾老矣，不能用也。"孔子行。

译文

齐景公讲到对待孔子的礼节时说："像鲁君对待季氏那样，我做不到，我用介于季氏孟氏之间的待遇对待他。"又说："我老了，不能用了。"孔子离开了齐国。

原文

齐人归①女乐，季桓子②受之，三日不朝，孔子行。

注解

①归：同"馈"，赠送。

②季桓子：鲁国宰相季孙斯。

译文

齐国人赠送了一些歌女给鲁国，季桓子接受了，三天不上朝。孔子于是离开了。

原文

楚狂接舆①歌而过孔子曰："凤兮！凤兮！何德之衰？往者不可谏，来者犹可追。已而，已而！今之从政者殆而！"孔子下，欲与之言。趋而辟之，不得与之言。

注解

①楚狂接舆：一说楚国的狂人接孔子之车；一说楚国叫接

輿的狂人；一说楚国狂人姓接名輿。本书采用第二种说法。

译 文

　　楚国的狂人接輿唱着歌从孔子的车旁走过，他唱道："凤凰啊，凤凰啊，你的德运怎么这么衰弱呢？过去的已经无可挽回，未来的还来得及改正。算了吧，算了吧。今天的执政者危乎其危！"孔子下车，想同他谈谈，他却赶快避开，孔子没能和他交谈。

原　文

　　子路从而后，遇丈人，以杖荷莜①。子路问曰："子见夫子乎？"丈人曰："四体不勤，五谷不分②，孰为夫子？"植其杖而芸。子路拱而立。止子路宿，杀鸡为黍③而食④之。见其二子焉。明日，子路行以告。子曰："隐者也。"使子路反见之。至，则行矣。子路曰："不仕无义。长幼之节，不可废也；君臣之义，如之何其废之？欲洁其身，而乱大伦。君子之仕也，行其义也。道之不行，已知之矣。"

注　解

　　①莜：古代耘田所用的竹器。

　　②四体不勤，五谷不分：一说这是丈人指自己。分是粪；不，是语气词，意为：我忙于播种五谷，没有闲暇，怎知你夫子是谁？另一说是丈人责备子路。说子路手脚不勤，五谷不分。

多数人持第二种说法。我们以为，子路与丈人刚说了一句话，丈人并不知道子路是否真的四体不勤，五谷不分，没有可能说出这样的话。所以，我们同意第一种说法。

③黍：黏小米。

④食：拿东西给人吃。

子路跟随孔子出行，落在了后面，遇到一个老人，用拐杖挑着除草的工具。子路问道："你看到我的老师吗？"老丈说："我手脚不停地劳作，五谷还来不及播种，哪里顾得上你的老师是谁？"说完，便扶着拐杖去除草。子路拱着手恭敬地站在一旁。老人留子路到他家住宿，杀了鸡，做了小米饭给他吃，又叫两个儿子出来与子路见面。第二天，子路赶上孔子，把这件事向他作了报告。孔子说："这是个隐士啊。"叫子路回去再看看他。子路到了那里，老人已经走了。子路说："不做官是不对的。长幼间的关系是不可能废弃的；君臣间的关系怎么能废弃呢？想要自身清白，却破坏了根本的君臣伦理关系。君子做官，只是为了实行君臣之义的。至于道义行不通，早就知道了。"

原文

逸①民：伯夷、叔齐、虞仲、夷逸、朱张、柳下惠、少连②。子曰："不降其志，不辱其身，伯夷、叔齐与？"谓柳下惠、少连，"降志辱身矣，言中伦，行中虑，其斯而已矣。"谓虞仲、夷逸，"隐居放③言，身中清，废中权。""我则异于是，无可无不可。"

注解

①逸：同"佚"，散失、遗弃。

②虞仲、夷逸、朱张、少连：此四人身世无从考，从文中意思看，当是没落贵族。

③放：放置，不再谈论世事。

译文

被遗落的人有：伯夷、叔齐、虞仲、夷逸、朱张、柳下惠、少连。孔子说："不降低自己的意志，不屈辱自己的身份，这是伯夷叔齐吧。"说柳下惠、少连是"被迫降低自己的意志，屈辱自己的身份，但说话合乎伦理，行为合乎人心。"说虞仲、夷逸"过着隐居的生活，说话很随便，能洁身自爱，离开官位合乎权宜。""我却同这些人不同，可以这样做，也可以那样做。"

原文

周公谓鲁公①曰："君子不施②其亲，不使大臣怨乎不以③。故旧无大故，则不弃也。无求备于一人。"

注 解

①鲁公：指周公的儿子伯禽，封于鲁。

②施：同"弛"，怠慢、疏远。

③以：用。

译 文

周公对鲁公说："君子不疏远他的亲属，不使大臣们抱怨不用他们。旧友老臣没有大的过失，就不要抛弃他们，不要对人求全责备。"

原 文

周有八士①：伯达、伯适、伯突、仲忽、叔夜、叔夏、季随、季騧。

注 解

①八士：本章中所说八士已不可考。

译 文

周代有八个士：伯达、伯适、伯突、仲忽、叔夜、叔夏、季随、季騧。

子张篇第十九

子张曰："士见危致命，见得思义，祭思敬，丧思哀，其可已矣。"

子张说："士遇见危险时能献出自己的生命，看见有利可得时能考虑是否符合义的要求，祭祀时能想到是否严肃恭敬，居丧的时候想到自己是否哀伤，这样就可以了。"

子张曰："执德不弘，信道不笃，焉能为有？焉能为亡？"

子张说："实行德而不能发扬光大，信仰道而不忠实坚定，（这样的人）怎么能说有，又怎么说他没有？"

142

子张篇第十九

原文

子夏之门人问交于子张。子张曰："子夏云何？"对曰："子夏曰：'可者与之，其不可者拒之。'"子张曰："异乎吾所闻：君子尊贤而容众，嘉善而矜不能。我之大贤与，于人何所不容？我之不贤与，人将拒我，如之何其拒人也？"

译文

子夏的学生向子张询问怎样结交朋友。子张说："子夏是怎么说的？"答道："子夏说：'可以相交的就和他交朋友，不可以相交的就拒绝他。'"子张说："我所听到的和这些不一样：君子既尊重贤人，又能容纳众人；能够赞美善人，又能同情能力不够的人。如果我是十分贤良的人，那我对别人有什么不能容纳的呢？我如果不贤良，那人家就会拒绝我，又怎么谈能拒绝人家呢？"

原文

子夏曰："虽小道①，必有可观者焉，致远恐泥②，是以君子不为也。"

注 解

①小道：指各种农工商医卜之类的技能。

②泥：阻滞，不通，妨碍。

译 文

子夏说："虽然都是些小的技艺，也一定有可取的地方，但用它来达到远大目标就行不通了。"

原 文

子夏曰："日知其所亡，月无忘其所能，可谓好学也已矣。"

译 文

子夏说："每天学到一些过去所不知道的东西，每月都不能忘记已经学会的东西，这就可以叫做好学了。"

原 文

子夏曰："博学而笃志①，切问②而近思，仁在其中矣。"

注 解

①笃志：志，意为"识"，此为强记之义。

②切问：问与切身有关的问题。

译文

子夏说:"博览群书广泛学习而且记得牢固,就与切身有关的问题提出疑问并且去思考,仁就在其中了。"

原文

子夏曰:"百工居肆①以成其事,君子学以致其道。"

注解

①百工居肆:百工,各行各业的工匠。肆,古代社会制作物品的作坊。

译文

子夏说:"各行各业的工匠住在作坊里来完成自己的工作,君子通过学习来掌握道。"

原文

子夏说:"小人之过也必文。"

译文

子夏说:"小人犯了过错一定要掩饰。"

原文

子夏曰:"君子有三变:望之俨然,即之也温,听其言也厉。"

译 文

子夏说："君子有三变：远看他的样子庄严可怕，接近他又温和可亲，听他说话语言严厉不苟。"

原 文

子夏曰："大德不逾闲①，小德出入可也。"

注 解

①闲：木栏，这里指界限。

译 文

子夏说："大节上不能超越界限，小节上有些出入是可以的。"

原 文

子游曰："子夏之门人小子，当洒扫应对进退，则可矣，抑①末也。本之则无，如之何？"子夏闻之，曰："噫，言游过矣！君子之道，孰先传焉？孰后倦②焉？譬诸草木，区以别矣。君子之道，焉可诬③也？有始有卒者，其惟圣人乎！"

注 解

①抑：但是，不过。转折的意思。

②倦：诲人不倦。

③诬：欺骗。

译文

　　子游说："子夏的学生，做些打扫和迎送客人的事情是可以的，但这些不过是末节小事，根本的东西却没有学到，这怎么行呢？"子夏听了，说："唉，子游错了。君子之道先传授哪一条，后传授哪一条，这就像草和木一样，都是分类区别的。君子之道怎么可以随意歪曲，欺骗学生呢？能按次序有始有终地教授学生们，恐怕只有圣人吧！"

原文

　　子夏曰："仕而优①则学，学而优则仕。"

注解

　　①优：有余力。

译文

　　子夏说："做官还有余力的人，就可以去学习，学习有余力的人，就可以去做官。"

原文

　　子游曰："丧致①乎哀而止。"

注 解

①致：极致、竭尽。

译 文

子游说："丧事做到尽哀也就可以了。"

原 文

子游曰："吾友张也为难能也，然而未仁。"

译 文

子游说："我的朋友子张可以说是难得的了，然而还没有做到仁。"

原 文

曾子曰："堂堂乎张也，难与并为仁矣。"

译 文

曾子说："子张外表堂堂，难于和他一起做到仁的。"

原 文

子贡曰："纣①之不善，不如是之甚也。是以君子恶居下流②，天下之恶皆归焉。"

注 解

①纣：商代最后一个君主，名辛，纣是他的谥号，历来被认为是一个暴君。

②下流：即地形低洼各处来水汇集的地方。

译 文

子贡说："纣王的不善，不像传说的那样厉害。所以君子憎恨处在下流的地方，把天下一切坏名声都归到他的身上。"

尧曰篇第二十

　　尧曰①："咨②！尔舜！天之历数在尔躬，允③执其中。四海困穷，天禄永终。"舜亦以命禹。曰："予小子履④，敢用玄牡⑤，敢昭告于皇皇后帝：有罪不敢赦。帝臣不蔽，简⑥在帝心。朕⑦躬有罪，无以万方；万方有罪，罪在朕躬。"周有大赉⑧，善人是富。"虽有周亲⑨，不如仁人。百姓有过，在予一人。"谨权量⑩，审法度⑪，修废官，四方之政行焉。兴灭国，继绝世，举逸民，天下之民归心焉。所重：民、食、丧、祭。宽则得众，信则民任焉。敏则有功，公则说。

　　①尧曰：下面引号内的话是尧在禅让帝位时给舜说的话。

　　②咨：即"嗟"，感叹词，表示赞誉。

　　③允：真诚；诚信。

　　④履：这是商汤的名字。

⑤玄牡：玄，黑色谓玄。牡，公牛。

⑥简：阅，这里是知道的意思。

⑦朕：我。从秦始皇起，专用作帝王自称。

⑧赉：赏赐。下面几句是说周武王。

⑨周亲：至亲。

⑩权量：权，秤锤。指量轻重的标准。量，斗斛。指量容积的标准。

⑪法度：指量长度的标准。

译 文

尧说："啧啧！你这位舜！上天的大命已经落在你的身上了。诚实地保持那中道吧！假如天下百姓都隐于困苦和贫穷，上天赐给你的禄位也就会永远终止。"舜也这样告诫过禹。（商汤）说："我小子履谨用黑色的公牛来祭祀，向伟大的天帝祷告：有罪的人我不敢擅自赦免，天帝的臣仆我也不敢掩蔽，都由天帝的心来分辨、选择。我本人若有罪，不要牵连天下万方，天下万方若有罪，都归我一个人承担。"周朝大封诸侯，使善人都富贵起来。（周武王）说："我虽然有至亲，不如有仁德之人。百姓有过错，都在我一人身上。"认真检查度量衡器，周密地制定法度，全国的政令就会通行了。恢复被灭亡了的国家，接续已经断绝了家族，提拔被遗落的人才，天下百姓就会真心归服了。所重视的四件事：人民、粮食、丧礼、祭祀。宽厚就能得到众人的拥护，诚信就能得到别人的任用，勤敏就能取得成绩，公平就会使百姓公平。

原文

子张问孔子曰："何如斯可以从政矣？"子曰："尊五美，屏①四恶，斯可以从政矣。"子张曰："何谓五美？"子曰："君子惠而不费，劳而不怨，欲而不贪②，泰而不骄，威而不猛。"子张曰："何谓惠而不费？"子曰："因民之所利而利之，斯不亦惠而不费乎？择可劳而劳之，又谁怨？欲仁而得仁，又焉贪？君子无众寡，无大小，无敢慢，斯不亦泰而不骄乎？君子正其衣冠，尊其瞻视，俨然人望而畏之，斯不亦威而不猛乎？"子张曰："何谓四恶？"子曰："不教而杀谓之虐；不戒视成谓之暴；慢令致期谓之贼；犹之③与人也，出纳④之吝谓之有司⑤。"

注解

①屏：屏除。

②欲而不贪：下文云："欲仁而得仁，又焉贪？"可见此"欲"字是指欲仁欲义而言，因之皇侃《义疏》云："欲仁义者为廉，欲财色者为贪。"译文本此。

③犹之：王引之《释词》云："犹之与人，均之与人也。"

④出纳：出和纳（入）是两个意义相反的词，这里虽然在

一起连用，却只有"出"的意义，没有"纳"的意义。说本俞樾《羣经平议》。

⑤有司：古代管事者之称，职务卑微，这里意译为"小家子气"。

子张问孔子说："怎样才可以治理政事呢？"孔子说："尊重五种美德，排除四种恶政，这样就可以治理政事了。"子张问："五种美德是什么？"孔子说："君子要给百姓以恩惠而自己却无所耗费；使百姓劳作而不使他们怨恨；要追求仁德而不贪图财利；庄重而不傲慢；威严而不凶猛。"子张说："怎样叫要给百姓以恩惠而自己却无所耗费呢？"孔子说："让百姓们去做对他们有利的事，这不就是对百姓有利而不掏自己的腰包嘛！选择可以让百姓劳作的时间和事情让百姓去做。这又有谁会怨恨呢？自己要追求仁德便得到了仁，又还有什么可贪的呢？君子对人，无论多少，势力大小，都不怠慢他们，这不就是庄重而不傲慢

吗？君子衣冠整齐，目不斜视，使人见了就让人生敬畏之心，这不也是威严而不凶猛吗？"子张问："什么叫四种恶政呢？"孔子说："不经教化便加以杀戮叫做虐；不加告诫便要求成功叫做暴；不加监督而突然限期叫做贼，同样是给人财物，却出手吝啬，叫做小气。"